KB059577

신자유주의 시대 경제윤리

신자유주의 시대 경제윤리

원제_ Zivilisierte Marktwirtschaft
Eine Wirtschaftsethische Orientierung

초판 1쇄 인쇄_ 2010년 3월 29일
초판 1쇄 발행_ 2010년 4월 1일

지은이_ 페터 울리히
옮긴이_ 이혁배

펴낸곳_ 바이북스
펴낸이_ 윤옥초

책임편집_ 김주범
편집팀_ 이성현, 김민경, 최성아
책임디자인_ 방유선
디자인팀_ 최윤희, 윤혜림, 최효경

ISBN_ 978-89-92467-37-7 03320

등록_ 2005. 07. 12 | 제 313-2005-000148호

서울시 마포구 서교동 395-166 서교빌딩 703호
편집 02) 333-0812 | 마케팅 02) 333-9077 | 팩스 02) 333-9960
이메일 postmaster@bybooks.co.kr
홈페이지 www.bybooks.co.kr

책값은 뒤표지에 있습니다.

신자유주의 시대 경제윤리

페터 울리히 지음 | 이혁배 옮김

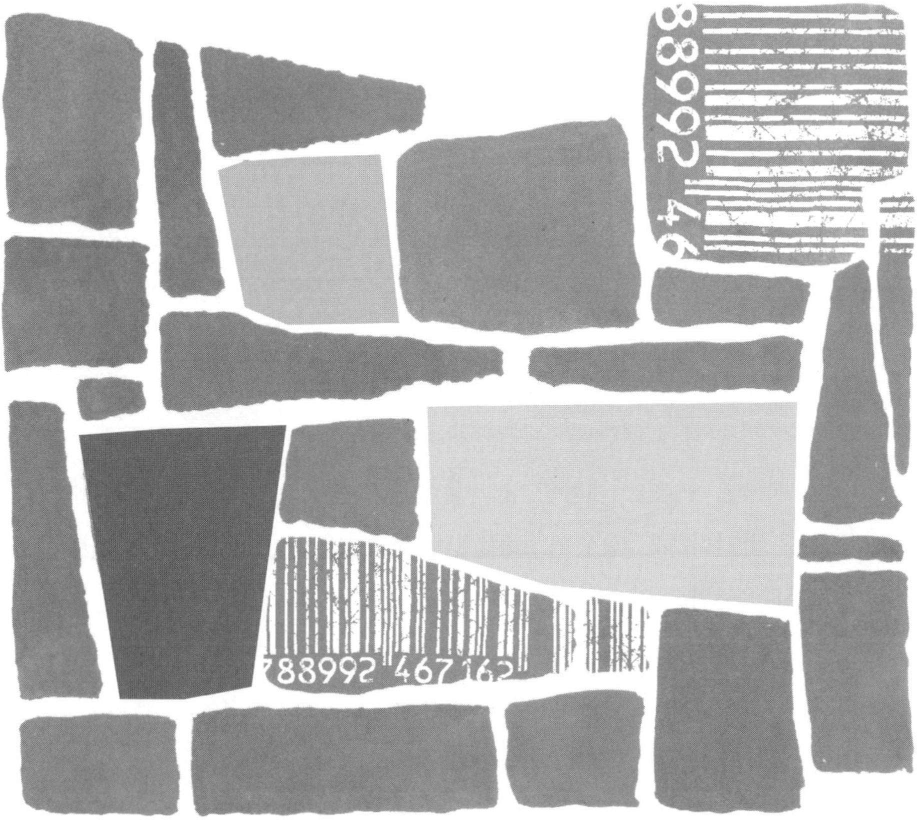

바이북스
ByBooks

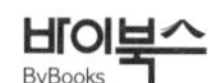

머리말

지난 수천 년 동안 인간은 문화사적으로 다양하게 전개된 욕구들과 재능들을 기초로 경제활동을 해왔다. 이런 경제활동적 존재로서 인간은 희소한 재화를 이성적으로 사용하기 위해 노력하고 있다. 그런데 문화적 존재로서 인간은 단순한 경제적 인간homo oeconomicus 이상의 존재이다. 따라서 경제활동은 그 자체가 목적이 아니라 좋은 삶이라는 목적을 실현하기 위한 수단이 된다. 경제적으로 '이성적'이라는 것은 순수하게 시장경제의 논리에 의해서만 결정될 수는 없다. 그것은 실제적인 삶의 방향성을 전제한다. 여기서 삶의 방향성이란 문화적인 삶의 기획, 그리고 우리가 살고 싶어 하는 사회상을 포함한다.

구체적으로 이성적 경제활동을 위해 중요한 사항은 무엇인가? 우리는 이 물음에 대한 통상적인 대답을 알고 있다. 곧 현대 산업사회가 사용할 수 있는 재화의 양을 늘리고 소비 수준을 높이기 위해 생산을 합리화하는 데 거의 모든 에너지를 집중시키는 것이 그것이다. 생산성 증가와 경제성장은 이성적인 경제 정책의 근본 기준으로 간주된다. 이에 따라 더 큰 시장과 더 치열한 경쟁이 이성적인 경제 정책의 기본 지침이 되었다. 그리고 이런 것들이 200년 넘게 경제적 자유주의의 핵심이었다. 경제적 자유주의는 처음부터 많은 비난을 받았다. 그러나 그럼에도 불구하고 점점 더 많은 나라에서 시장경제는 사회·정치적인 통제로부터 자유로워지고 있다.

20여 년 전부터 우리는 시장의 세계화라는 이름 아래 다시 이런 움직임을 경험하고 있다. 이런 움직임을 추동하고 있는 것은 무엇보다도 자본의 이해관계다. 자본은 새로운 시장과 비용이 덜 드는 산업입지를 찾고 있다. 그런데 현대 자유민주주의 사회에서 자본은 시민들에게 자신의 이해관계를 정당화할 필요가 있다. 이에 경제적 자유주의는 두 가지의 논거를 제시한다. 첫째로 경제적 자유주의는 일하는 시민들에게 '만인을 위한 복지'— 이것은 전후 독일 경제기적의 아버지로 일컬어지는 루트비히 에르하르트Ludwig Erhard, 1897~1977의 저서명과 동일하다 — 를 약속한다.[1] 이런 시장경제의 기적은 모든 사회구성원들의 생활 조건을 구체적으로 향상시키면서 경쟁의 승자와 패자 사이의 대립과 부유한 자와 가난한 자 사이의 격차를 완화시켜가고 있다.

둘째로 자유롭게 자본을 사용하면 공공의 복리는 자동적으로 달성된다는 주장이 다수의 사회구성원들에게 설득력을 잃게 될 경우, 경제적 자유주의는 시장경제적인 경쟁이라는 물적 강제를 강조하도록

1_ Ludwig Erhard, Wohlstand für alle, Düsseldorf 1957. 하지만 에르하르트는 순수한 의미의 경제적 자유주의가 아니라 질서자유주의적 형태의 사회적 시장경제를 주창했음에 유의해야 한다. 다양한 질서 정책적인 구상들에 관해서는 6장 III에서 상술할 것이다.

지시한다. 그래서 시장에 대한 규제를 완화하는 데 관심을 갖는 이들은 생산 비용이 덜 드는 산업입지를 확보하기 위한 국제적 경쟁을 물적 강제로 받아들이고 있다. 그리고 사람들에게 세계화의 결과를 날씨처럼 무조건적으로 수용하는 것이 이성적인 태도라고 강조한다.

그런데 이런 수용 자세가 정말 이성적인 것일까? 이 책에서 나는 다른 관점을 제시하려고 한다. 누구에 의해서도 통제되지 않는 제멋대로인 경제성장을 진리로 믿게 만드는 물적 강제의 논리는 이성적인 것이 아니다. 또한 모든 것을 최적의 상태로 만들 수 있다는 자유로운 시장에 대한 믿음도 이성적인 것일 수 없다. 오히려 이런 것들은 현대 사회에서 탈마법화되어야 할 오래된 시장형이상학에 불과하다. 그동안 자유로운 시장이 가져다주는 엄청난 축복을 강조했던 이론은 그 빛을 많이 잃어버렸다. 이런 맥락에서 막스 베버Max Weber, 1864~1920가 문화와 사회의 근대화와 합리화를 지칭하는 데 사용했던 '세계의 탈마법화'[2]라는 개념이 우리의 경제적 사고 영역에서 계몽적인 프로그램으로 계속 남아 있을 필요가 있다.

여기서 독자들이 내 입장을 오해하지 않으려면 다음과 같은 점에 유의해야 한다. 내가 생산적인 시장경제에 대해 반대하지 않는다는 사실이다. 내가 진정으로 반대하는 것은 우리의 삶 전체와 정치를 시장의 논리에 복속시키려는 철저한 시장사회이다. 시장경제는 자

2_ Max Weber, Die Protestantische Ethik und der Geist des Kapitalismus, in: Max Weber, Gesammelte Aufsätze zur Religionssoziologie I, 9. Aufl., Tübingen 1988, 94.

유롭고 평등한 시민들의 좋은 삶 및 정의로운 공존과 결합되어야 한다. 진정한 의미의 '현대' 사회라면 자유로운 시장보다 보편적인 시민의 자유를 우선시해야 한다. 다시 말해서 순수한 경제적 자유주의 대신에 정치적 자유주의가 주창되어야 한다. 이런 의미에서 '문명화된 시장경제zivilisierte Marktwirtschaft'[3]가 논의될 필요가 있다.

문명화된 시장경제의 관점에서 보면 요즘 흔히 이야기되는 경제적인 물적 강제라는 사고는 미심쩍은 것이 아닐 수 없다. 나는 문명화된 시장경제를 추구하는 과정에서 다음과 같은 근본적인 질문들을 던지고자 한다. 우리는 어떤 경제를 원하는가? 자유민주주의 사회의 시민인 우리는 사회적이고 개인적인 차원에서 자신의 경제적인 삶을 어떻게 형성하길 원하는가? 우리는 좋은 삶을 구상하는 과정에서 소비 수준을 지속적으로 올리는 행태에 대해 어떤 평가를 내리고 있는가? 우리는 직장에서 큰 능력을 발휘해야 한다는 압력에 대해 얼마만큼 희생을 치를 준비가 되어 있는가? 우리는 이런 압력에 견디지 못하는 사람들과 어떤 관계를 맺기 원하는가? 우리는 경제활동을 하면서 자연환경 문제, 특히 다음 세대들에 대한 책임 문제와 관련하여 어떤 태도를 취하고 있는가?

지금은 우리의 경제적 이성이 일방적으로 수단을 늘리는 데만 관심을 갖는 시기가 아니다. 오히려 경제 발전의 방향성과 정당한 원

3_ Peter Ulrich, Integrative Wirtschaftsethik. Grundlagenden einer lebensdienlichen Ökonomie, 1. Aufl., Bern/Stuttgart/Wien 1997, 261; Marion Gräfin Dönhoff, Zivilisiert den Kapitalismus, Stuttgart 1997, 35에서 '시장의 문명화(Zivilisierung des Marktes)'가 처음으로 정식화되었다.

칙이 중요시되는 시대이다. 우리가 민주사회의 책임 있는 시민으로서 경제 세계의 도전에 대해 생산적인 답변을 얻기 원한다면 우리 자신의 경제적 사고의 지향성을 근본적으로 새롭게 해야 할 것이다.

그런데 여기서 사고의 지향성이란 무엇을 의미하는가? 이 물음은 이마누엘 칸트Immanuel Kant, 1724~1804에서 기원한다.[4] 이런 물음을 통해 지향성 개념이 현대 실천철학, 곧 이성을 동반한 사고와 삶의 총체로 들어오게 되었다. 인간은 자연에 의해 규정되지 않고 근거에 따라 결정하고 행동할 수 있는 존재이다. 이런 존재로서 인간은 흔히 다양한 행동들 가운데 어떤 것을 선택할 수 있고 선택해야만 하는 상황에 직면한다. 그런 상황에서 인간은 다음과 같은 질문들에 대해 근본적으로 숙고하게 된다. 나는 인간으로서 어떤 존재가 되길 원하는가?(자기 이해에 관한 물음) 나는 누구와 결합되어 있다고 느끼는가?(다른 사람과의 관계에 관한 물음) 나는 어디에 서 있는가?(관점에 관한 물음) 나는 어디를 지향하길 원하는가?(의도에 관한 물음) 나는 어디에 근거해 있는가?(원칙에 관한 물음) 내 삶이 나를 개인적으로 실현하고 사회적으로 대표할 수 있도록 하기 위해서 나는 삶 전체를 어떻게 영위하려고 하는가?(삶의 설계에 관한 물음)

이런 질문들은 윤리적인 것이다. 경제적 사고는 경제윤리적 지향성에 근거해야 이성적인 것을 추구할 수 있다. 그러므로 자기 이해

4_ Immanuel Kant, Was heiβt: sich im Denken orientieren? (1786), in: Werkausgabe Bd. V, 4. Aufl., Frankfurt a. M. 1982, 265~283.

에 따라 가치중립적으로 시장경제 시스템의 기능 방식을 해명하는 경제 이론이 아니라 경제활동에 대한 이성윤리로서의 경제윤리가 중요한 학문 분야가 된다. 여기서 강조되고 있는 지향성 개념은 내가 전개하고 있는 '통합적 경제윤리Integrative Wirtschaftsethik'[5]의 입장에 근거해 있다.

누가 경제윤리적 지향성에 대한 지식을 필요로 하는가? 이런 지식은 전문가들을 위한 것이 아닌가? 결코 그렇지 않다. 우리는 모두 어떤 방식으로든 시장경제와 연결되어 있다. 우리는 이성적 존재로서 경제생활에 관한 다양한 관점들에 대해 가치판단을 시도하고, 이와 관련한 우리의 판단력을 강화하고, 이데올로기적인 경제 신조들에 대해 이론적으로 대항할 수 있는 능력을 배양해야 한다. 그러지 않으면 우리가 어떻게 자기 결정적이고 교양 있는 삶을 영위할 수 있겠는가. 그리고 시민으로서 어떻게 공정한 사회 규칙을 결정하는 일과 사회에 시장경제를 뿌리 내리는 일에 책임감을 가지고 참여할 수 있겠는가.

책임 있는 경제시민으로서 우리의 행위와 사고는 경제윤리적 지향성을 가진다. 경제시민은 자신의 사회의식을 시민의식, 곧 좋은

5_ Peter Ulrich, Integrative Wirtschaftsethik. Grundlagenden einer lebensdienlichen Ökonomie, 3. rev. Aufl., Bern/Stuttgart/Wien 2001. 이 책의 전반적인 내용에 관해서는 Peter Ulrich, Sich im ethisch-politisch-ökonomischen Denken orientieren-Der St. Galler Ansatz der integrativen Wirtschaftsethik, in: Dietmar Mieth/Olaf S. Schumann/Peter Ulrich(Hrsg.), Reflexionsfelder integrativer Wirtschaftsethik, Tübingen 2004, 11~28을 참조할 것.

시민으로서의 자기의식과 분리시키지 않고 통합시키기를 원한다. 경제윤리적 지향성은 우리가 노동 세계에서, 혹은 돈을 사용하고 상품을 소비하는 과정에서 수행하는 역할과 관계가 있다. 또한 그것은 경제 정책적인 문제들과 사회 정책적인 문제들에 관한 공적인 논쟁에서 우리가 취하는 사상적인 입장들과도 관련이 있다. 현재 어마어마한 경제적 역동성이 우리의 경제윤리적인 능력에 도전하고 있다. 이런 상황에서 오늘날 세계가 직면한 엄청난 사회경제적인 변화가 제대로 진행되고 있는가 하는 물음이 제기된다.

이런 경제윤리적 지향성의 추구를 위해 여섯 가지의 상호보완적이고 중요한 관점들을 선택하고자 한다. 이 책의 1부에서는 현대 경제가 보여주고 있는 세 가지 기본 이념들에 관해 숙고하려 한다. 곧 경제적 이성 개념(1장), 의미 있는 진보 개념(2장), 잘 이해된 자유 개념(3장)에 관해 논의를 진행시킬 것이다. 2부에서는 자유롭고 평등한 시민들로 구성된 사회에서 경제윤리적 책임의 자리로 간주되는 세 가지, 곧 경제시민의 행동(4장), 기업(5장), 국내 시장과 세계 시장의 테두리질서(6장)에 관해 살펴볼 것이다. 이 여섯 가지 주제들은 시의적절한 경제시민 교육의 내용이 될 수 있다. 따라서 이것들은 시민을 위한 경제학, 보다 간단하게 말하면 시민경제학[6]을 구성하게 될 것이다.

이 책은 내가 성 갈렌St. Gallen대학교에서 개최한 여섯 번의 공개 강좌의 결과물이다. 이 책의 초고를 읽고 유익한 조언을 해주고 편집 작업을 도와준 경제윤리연구소 조교인 베른하르트 박센베르거

Bernhard Waxenberger에게 고마움을 전한다. 이 책의 제1판은 『탈마법화된 시장-경제윤리적 방향성 Der entzauberte Markt-eine wirtschaftsethische Orientierung』이란 제목으로 2002년 여름에 발간된 바 있다. 제2판인 이 책은 바뀐 현실을 반영하고 그 내용을 보완했다. 제2판에서 책의 부제는 바뀌지 않았으나 책의 제목은 변경되었는데 이 책이 지닌 관심사를 보다 적절하게 표현하기 위함이었음을 밝혀둔다.

2004년 12월 성 갈렌에서

페터 울리히

6_ 시민경제학은 일반적인 경제 이해와 사회 이해를 교육하는 학문을 의미한다. 이 개념은 Rolf Dub이 저술한 Volkswirtschaftslehre-Eine Wirtschaftsbürgerkunde für höhere Schulen, Erwachsenenbildung und zum Selbststudium(Bern/Stuttgart/Wien 1998)이란 책에서도 사용하고 있다. 이에 관해서는 이 책의 21쪽을 참조할 것. 경제시민 교육 개념에 대한 교육학적인 논쟁에 관해서는 Das Journal für Sozialwissenschaften und ihre Didaktik, Jahresband 2001; Ökonomische und politische Bildung-(k)ein schwieriges Verhältnis? Welche ökonomische Bildung wollen wir? (Schwalbach/Ts. 2003); Peter Ulrich, Wirtschaftskunde als Orientierung im politisch-ökonomischen Denken을 참조할 것.

차례

01

현대 경제의 기본 이념

우리의 문명에서 이해되는 것과 같이 진보적 합리화는 진보를 위해 이성의 이름으로 이성의 실체를 파괴하려는 경향을 보이고 있다. **막스 호르크하이머**

근대는 자신이 남겨둔 유일한 권위, 곧 이성을 통해 안정화되어야 한다. **위르겐 하버마스**

어떤 상황에서도 사회 통합은 경제 영역 안에서 추구되어야 한다. 다른 통합 방식을 통해서 시장을 규제해야 할 사회적인 당위성은 존재하지 않는다. **알렉산더 뤼스토**

정의는 건물 전체를 지탱하고 있는 중심 기둥이다. 이 기둥이 제거되면 인간사회라는 거대한 건물이 한순간에 붕괴될 것임에 틀림없다. **애덤 스미스**

경제는 더 이상 사회적 관계들에 의해 포섭되어 있지 않다. 오히려 사회적 관계들이 경제에 포섭되어버렸다. **칼 폴라니**

잘 조직화된 경제 시스템들은 비용을 내부화하는 경향이 있는 반면 자유로운 세계 시장은 비용을 외부화하는 경향이 있다. **존 그레이**

경제란 가치를 산출하는 것이다. 그런데 누구를 위해 어떤 가치를 산출하는 것인가? 도덕철학자 애덤 스미스Adam Smith, ?~1790가 정초한 고전적 정치경제학과는 달리 오늘의 경제학은 더 이상 이런 근본적인 가치문제를 다루지 않는다. 오늘의 경제학은 자본, 노동, 지식과 같은 희소한 자원들을 효율적으로 이용하는 것에 대해 가치판단을 수행하는 학문적 경향과 멀어지고 있다. 이런 흐름 속에는 약 200년 동안 진행되어온 경제의 근대화와 합리화가 반영되어 있다. 그런데 경제의 근대화와 합리화는 경제 시스템의 자체 논리를 강조하는 탈규제화(자유화)와 탈경계화(세계화)로 귀착된다. 이런 상황에서 우리는 일차원적인 경제적 역동성이 사회구성원들의 삶에 기여하고 있는가 하는 문제를 제기하게 된다. 그리고 이런 문제제기를 통해 좋은 삶과 정의로운 공존이라는 상위의 관점이 필수적인 것으로 등장한다.

현대 사회를 해명해주고 경제가 인간의 삶에 봉사하는지를 판별해주는 세 가지 기본 이념들이 존재한다. 그것은 다름 아닌 이성, 진보, 자유이다. 이 책의 1부에서는 현대 경제의 이런 세 가지 기본 이념들이 지닌 의미를 알아보려고 한다. 나아가 이런 기본 이념들을 축소하는 데서 오는 위험성을 제시하려고 한다. 그런데 이런 축소 현상은 세 가지로 살펴볼 수 있다. 실천이성을 경제적 효율성으로 축소하는 현상(1장), 진보를 경제성장으로 축소하는 현상(2장), 시민의 자유를 시장의 자유로 축소하는 현상(3장)이 그것이다.

1

무엇과 누구를 위한 효율성인가?

이성적 경제의 윤리적 차원

희소한 자원을 가지고 최대의 효용을 얻었을 때 혹은 최소한의 자원을 가지고 설정된 목적에 도달했을 때 우리는 자원을 효율적으로 사용했다고 말한다. 바로 이것이 경제적 합리성이 의미하는 바이다. 부족한 재화나 자원을 가지고 합리적으로, 다시 말해서 최대한의 효용을 산출하면서 경제활동을 수행하는 것은 자연적·사회적인 희소성의 세계에서 확실히 좋은 원칙이다. 경제적 원칙으로 일컬어지는 이런 원칙 없이 현대적 의미의 복리는 주어지지 않는다. 하지만 경제적인 측면에서 합리적이라고 간주되는 모든 것이 이성적인 것은 아니다. 이성적이 되는 것, 이성적으로 행동하는 것은 삶이 방향성과 전체성을 지닌다는 것을 의미한다. 여기서 이성적 경제활동이라는 수준 높은 개념이 생겨난다. 그런데 이성적 경제 개념은 좋은 삶과 인간의 공존이란 맥락에서 위에서 언급된 경제적 원칙에 문제를 제기한다. 이렇게 이해된 경제적 이성은 우리 모두의 개인적이고 사회적인 삶의 질을 위해 매우 중요한 역할을 한다. 그렇기 때문에 우리는, 진정 의미 있는 것이 무엇인가를 결정하는 일을 소위 순수경제학자라고 하는 이들에게만 맡길 수 없다. 오히려 현대 사회의 시민인 우리가 이런 일을 담당해야 한다.

이 장에서는 먼저 문화인류학적 관점에서 경제와 인간이성의 관계에 관해 간략하게 살펴볼 것이다(Ⅰ). 이어서 이런 관계에 대해 일방적으로 해석하는 근자의 경향들을 소개할 것이다(Ⅱ). 그런 다음 이성적 경제가 지니고 있는 규범적 관점이 무엇인지 질문할 것이다(Ⅲ). 나아가 이런 관점에서 순수한 경제적 이성에 대한 비판을 시도할 것이다(Ⅳ). 마지막으로 이런 순수한 경제적 이성과 대립하고 있는 이성적 경제, 곧 사회경제적 합리성을 내세울 것이다(Ⅴ).

I.
원숭이가 인간이 되는 과정에서의 경제의 역할

두루 아는 바와 같이 인간은 자기 자신을 호모 사피엔스homo sapiens, 곧 이성적 존재라고 부른다.[1] 이마누엘 칸트에 따르면 이성적 존재는 스스로 선택한 원칙들에 따라 행동할 수 있는 능력을 지닌다.[2] 그런데 이런 능력은 자유의지를 전제한다.

카를 마르크스Karl Marx, 1818~1883에 따르면 "인간은 생활필수품을 생산하면서 자신을 동물과 구분하기 시작했다. (중략) 인간은 생활필수품을 만들어내면서 간접적으로 자신의 물질적 삶 자체를 생산하게 되었다."[3] 재화가 희소하기 때문에 유일하게 노동하는 동물로서 인간은 넓은 의미의 생활필수품, 곧 음식, 의복, 주택, 교육, 건강 등을 계획적으로 만들어냈고 그러면서 이성적인 존재가 되었다. 이 명제에 따르면 신석기시대의 혁명을 통해 채집시대에서 경작시대로 이행이 이루어진 것이다. 그리고 이런 혁명과 더불어 수준 높은 이성적 문화가 시작되었다.

경제와 이성의 이런 관련성—혹은 프리드리히 엥겔스Friedrich Engels, 1820~1895에 따르면 원숭이가 인간이 되는 과정에서의 경제적 이성의 역할[4]—은 인류학적 연구에 의해서 상대화되었다. 잘 알려진 바와

1_ Immanuel Kant, Grundlegung zur Metaphysik der Sitten(1785/86), in: Werkausgabe Bd. VII, hrsg. von W. Weischedel, 4. Aufl., Frankfurt a. M. 1978, 99.

2_ Immanuel Kant, Grundlegung zur Metaphysik der Sitten, 96.

3_ Karl Marx/Friedrich Engels, Die deutsche Ideologie(1846), Marx-Engels-Werke Bd. 3, 4. Aufl., Berlin 1969, 21.

같이 인간의 다른 특성인 언어적 동물이라는 측면은 인간의 이성 발달에 큰 기여를 했다. 동물 가운데 인간만이 대화 상대들과 근거를 제시하면서 의사소통할 수 있는 능력, 즉 의사소통적 이성을 지니고 있다. 이렇게 보면 인간들 사이의 상호작용과 생산적 노동은 인간이성의 발달에 기여한 두 가지 주요 요인이라고 할 수 있다. 그런데 이 양자는 근본적으로 이차원적이다. 따라서 합리적 상호작용 혹은 의사소통의 규칙들은 합리적 생산의 규칙들로 환원될 수 없고, 반대로 합리적 생산의 규칙들도 합리적 상호작용의 규칙들로 환원될 수 없다 1.[5]

1 이성적 실천의 두 가지 차원들

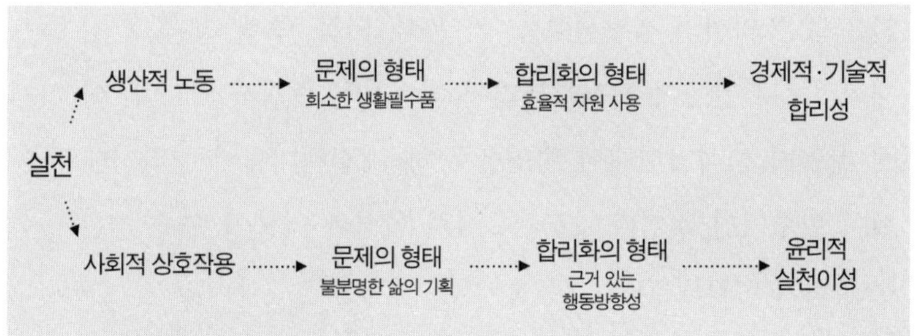

II.
효율성의 약속과 경제적 합리화의 이성적 내용에 대한 첫 번째 의심

모든 경제학·경영학 교과서들은 인간의 합리성이 지닌 이차원성 혹은 다차원성을 진지하게 고려하지 못하고 있다. 이런 교과서들은 이성적 경제를 생산적 노동 세계에서 희소한 자원이나 재화를 효율적으로 이용하는 방식으로 이해하고 있다. 그리고 이렇게 이해된 경제적 합리성을 전체적 이성과 동일시하고 있다. 이런 맥락에서 가능한 한 최소의 투입으로 계획한 산출을 얻거나 주어진 자원을 가지고 최대의 결과를 얻는다는 경제적 합리성 원칙은 대부분의 경우 간단하게 합리성 원칙으로 지칭된다. 이미 확인한 바와 같이 효율성은 합리적 행동이 지닌 중요한 측면의 하나임에 분명하다. 그러나 효율성을 이성적인 것으로 간주되는 모든 행동들의 최상위 가치로까지 끌어올리는 경향은 잘못된 것이다. 그럼에도 오늘날 이런 경향은 경제학자들의 신조가 된 것처럼 보인다.

일례로 저명한 경제학자인 카를 크리스티안 폰 바이츠제커Carl Christian von Weizsäcker, 1938~는 자신의 저서 『세계화의 논리Logik der Globalisierung』의 서문에서 다음과 같이 서술하고 있다.

4_ Friedrich Engels, Anteil der Arbeit an der Menschwerdung des Affen(1876), 22. Aufl., Berlin 1988.

5_ 이에 관해서는 Jürgen Habermas, Arbeit und Interaktion. Bemerkungen zu Hegels Jenenser 'Philosophie des Geistes', in: Jürgen Habermas Technik und Wissenschaft als 'Ideologie', Frankfurt a. M. 1968, 9~47; Peter Ulrich, Transformation der ökonomischen Vernunft. Fortschrittsperspektiven der modernen Industriegesellschaft, 3. rev. Aufl., Bern/Stuttgart/Wien 1993, 55 이하를 참조할 것.

경제학자는 효율성이 목적이라는 사실을 믿고 있다.[6]

시장의 세계화가 세계 경제의 효율성을 증가시킨다면 합리적 동물의 특별한 변종인 이런 경제학자는 그것을 거의 무제한적으로 받아들일 것이다. 그리고 이 경제학자는 경제적 합리화가 초래하는 거의 모든 결과들을 경제적 이성을 거론하며 수용할 준비가 되어 있을 것이다. 특히 200년 전 현대 산업사회가 시작된 이래 효율성의 증가와 이를 통한 복리의 증진은 인간적이고 사회적인 진보의 결정적 원칙으로 간주되었다.

그런데 문제는 이런 것이다. 도대체 무엇을 향한 진보인가? 구체적으로 무엇과 누구를 위한 진보인가? 근자에 들어 고삐 풀린 경제적 합리화 과정이 과연 진정으로 실천이성적 성향을 지니고 있는가 하는 의심이 증가하고 있다. 비판 이론의 창시자이자 도구적 이성에 대한 뛰어난 비판가였던 막스 호르크하이머Max Horkheimer, 1895~1973는 이런 의심을 다음과 같이 서술했다.

우리의 문명에서 이해되는 것과 같이 진보적 합리화는 진보를 위해 이성의 이름으로 이성의 실체를 파괴하려는 경향을 보이고 있다.[7]

6_ Carl Christian von Weizsäcker, Logik der Globalisierung, Göttingen 1999, 5. 이런 믿음이 지닌 정신사적 혹은 사상사적 배경에 관해서는 3장에서 논의될 것이다.

7_ Max Horkheimer, Zur Kritik der instrumentellen Vernunft, Frankfurt a. M. 1967, 14.

이런 서술의 내용을 좀더 조심스럽게 정식화하면 다음과 같다. '합리화는 그것이 약속하는 것처럼 항상 이성적인 것은 아니다.' 이와 관련해서 두 가지 실제적인 예들을 살펴보고자 한다.

첫 번째 예는 상품 유통의 합리화이다. 한 신문에 "교통경색, 어떤 것도 앞으로 나아가지 못하고 있다. 유럽의 교통은 마비되고 있다"라는 표제의 짧은 기사가 보도되었다. 그 기사는 아래와 같이 불합리하지만 일반적인 사례를 소개하고 있다.

> 스위스에서 옷감이 재단된다. 재단된 옷감은 화물트럭에 실려 포르투갈로 간다. 그곳에서 바지로 꿰매어진다. 이렇게 만들어진 바지는 다시 스위스에서 판매된다. 일은 바이어의 계획대로 진행된다. 바이어는 화물트럭 한 대에 실리는 물량당 2만 프랑을 절약하게 된다. 왜냐하면 포르투갈 재봉사의 임금은 스위스 재봉사의 임금보다 더 낮기 때문이다. 그러나 그 대신 화물트럭은 1,600리터의 디젤을 이산화탄소, 유해한 배기가스, 매연으로 바꾸어놓는다. 이로 인해 수천 명의 사람들이 수면장애를 겪게 된다. 그것도 아무런 배상도 받지 못한 채 말이다.[8]

이런 식의 경제적 합리성은 생태적 효율성[9]을 고려하지 못하고 있

8_ Der Verkehrsinfark. Ein Dossier, in: Die Weltwoche, Nr. 15, 12. April 2001, 25.

9_ 이 개념에 관해서는 Stephan Schmidheiny, Kurswechsel. Globale unternehmerische Perspektiven für Entwicklung und Umwelt, München 1992, 37쪽 이하를 참조할 것.

다. 이 경우 어디서 이성이 정지되었는지를 아는 것은 어렵지 않다. 경영학적 효율성은 여기서 경제학적, 교통 정책적 그리고 환경 정책적 비이성으로 빠져든다. 왜냐하면 화물 운송의 사회적이고 생태적인 비용, 곧 외부효과가 비용·편익 계산에서 고려되지 않기 때문이다. 이런 아이러니한 이성 개념에 대해 막스 프리슈Max Frisch, 1911~1991는 1986년에 행한 〈계몽의 끝에 황금송아지가 서 있다Am Ende der Aufklärung steht das goldene Kalb〉라는 강의에서 다음과 같이 정식화했다.

> 이성적인 것은 이익이 생기는 것이다.

두 번째 예는 노동의 합리화이다. 경제적인 관점에서 노동은 소비를 위해 상품을 생산한다는 목적을 실현하기 위한 단순한 수단에 불과하다. 그러므로 경제적 합리성 원칙에 따라 노동은 가치 창조의 마지막 단계에서 소비재가 최대한 생산될 수 있도록 가능한 한 효율적으로 투입되어야 한다. 그런데 이런 입장에 서게 되면, 노동자가 노동소득을 통해 소비재를 살 수 있는 구매력을 얻고 물질적인 생존과 복리를 안정적으로 획득할 때, 노동이 고유한 자기 가치를 지닐 수 있다는 사실이 희미해진다.

자기 가치를 지닌 노동은 개인이 자신의 능력을 전개하고, 자신을 존중하고, 의미 있는 활동을 경험하는 데 장애가 되는 도전 앞에서 스스로를 보전하는 장場이다. 또한 그것은 유용하고 가치 있는 사회 구성원들을 집단 생산과정으로 끌어들여 그들에게 직업적 역할을 통해 사회적 인정을 발견하고 사회관계를 발전시킬 수 있는 기회를 제공하는 사회 통합의 장이기도 하다.

이렇듯 노동이 자기 가치를 지님에도 불구하고 노동 세계가 산출과 관련해서만 합리화된다면 노동의 인간적 기능들이 부분적으로 부정되는 부작용이 발생한다. 그러면 노동 세계는 노동하는 인간을 위한 고유한 가치를 잃어버리고 점점 더 구매력을 얻기 위한 수단으로 전락한다. 이런 상태는 다음과 같은 명제로 요약할 수 있다. '진정한 삶은 노동이 끝난 뒤에 이어지는 자유시간 혹은 휴가기간에 비로소 시작된다.' 오늘날 소비주의적으로 규정된 자유시간을 통해 주어지는 행복약속은 휴가를 일 년 중 가장 좋은 주간으로 찬양하는 것과 마찬가지로 병리적이다. 우리는 노동과 자유시간 모두를 즐길 수 있어야만 한다.

우리가 사회적으로 조직된 노동의 엄격한 산출 지향성을 위해 지불하는 비용은 적지 않다. 큰 능력을 발휘해야 한다는 압박이 지속적으로 증가하는 상황에서 노동 세계는 사람들에게 자신이 과도하게 요구받는다는 느낌과 무능력한 존재가 될지 모른다는 공포감을 주는 장소가 되고 있다. 그리고 이로 인해 심신상관적心身相關的 질병이 증가하고 있다. 또한 이런 능력에 대한 요구를 충족시키지 못해서 노동시장에서 배제된 사람들의 비율이 경기 주기와 상관없이 계속 늘어나고 있다. 간신히 노동시장에서 버티고 있는 사람들 가운데도 근로빈곤층working poor이 차지하는 비율이 증가하고 있다. 여기서 근로빈곤층이란 전일제로 힘들게 일하면서도 고용주를 위해 생산해내는 경제적 부가가치가 낮기 때문에 문화적 최저생계비[10] 이상의 임금을 받지 못해 품위 있는 삶을 영위하지 못하는 노동자들을 지칭한다. 독일은 계속된 경제적 진보 덕분에 세계에서 가장 부유한 나라들 중 하나가 되었지만 3분의 2 사회[역자주 1]에 아주 근접하게 되었다.

그런데 이러한 효율성 증대는 어떤 사회진보 이념을 중시하는가? 경제란 가치를 창조하는 것을 뜻한다. 그런데 여기서 가치란 누구를 위한 어떤 가치를 말하는가? 내가 보기에 효율성만을 강조하는 경제적 합리화는 위에서 살펴본 두 가지 문제 영역들과 그 이외 문제 영역들에서 상당히 무의미하고 비이성적인 성격을 지닌다. 따라서 시장경제적 시스템의 관점이 아닌 실제적 삶의 관점에서 어떤 이성적 경제를 지향할 수 있는가를 묻는 것은 그 이유가 충분하다. 그리고 그 시기가 적절하다.

10_ 한 사회에서 문화적 최저생계비에 해당하는 것은 자연적으로 주어진 액수나 객관적으로 조사된 액수가 아니라 항상 변화하는 문화적 규범이라고 할 수 있다. 왜냐하면 문화적 최저생계비의 경우 자기 스스로를 존중하고 사회적으로 통합시키는 사람으로서 그리고 다른 이들에 의해 가치 있는 사회구성원으로 존중받는 사람으로서 품위를 떨어뜨리지 않는 삶을 영위할 수 있게 한다는 전제조건이 중요하기 때문이다.

역자주 1 _ 취업 가능한 인구의 3분의 2는 제대로 된 일자리를 가지고 있어서 안정되고 높은 소득을 올리는 반면 나머지 3분의 1은 일자리나 소득에서 배제되는 사회.

III.
삶의 맥락과 관련된 이성적 경제의 근본 관점들

다음과 같은 기초적인 성찰을 진행시켜보자. 우리가 어떤 사람에게 '이성적이 되라!'고 말하는 것과 일반적으로 '효율적으로 행동하라!'고 말하는 것은 결코 동일시될 수 없다. 어떤 행동 방식이 규범적 이념—특정한 상황에 있는 인간이 충분한 근거를 가지고 이성적인 방식으로 행동해야 한다는 이념—과 상응할 때, 우리는 그런 행동 방식을 이성적이라고 규정한다. (규범적 진술은 당위적 언명으로 표현된다.) 합리성 개념 혹은 이성 개념은 언제나 규범적 지향성을 갖는다. 이성적인 것은, 우리가 합리적 근거들을 가지고 행동하는 이성적 인간이 되어야 한다고 요구하는 한 의무적인 것이다. 그리고 우리가 이성적이라면 이런 행동이 지닌 포괄적인 의미 연관과 영향력 연관을 성찰할 것이다.

전체적인 관점과 실제적 삶의 관점에서 보면 이성적 경제는 삶에 대한 봉사[11]를 지향한다. 그런데 여기서 삶에 대한 봉사란 무엇인가? 우리가 의식하든 의식하지 않든 이 대목에서 윤리가 기능한다. 왜냐하면 이런 기본적 질문에 대한 가능한 모든 대답들은 항상 두 가지 윤리적 지향성 개념들을 함축하기 때문이다. 좋은 삶이란 개념과 인

11_ 삶에 대한 봉사란 개념은 두 명의 중요한 기독교 사회윤리학자 Emil Brunner와 Arthur Rich에서 기원한다. Emil Brunner, Das Gebot und die Ordnungen. Entwurf einer protestantisch-theologischen Ethik, Zürich 1932, 4. Aufl. 1978, 387; Arthur Rich, Wirtschaftsethik, Bd. II: Marktwirtschaft, Planwirtschaft, Weltwirtschaft aus sozialethischer Sicht, Gütersloh 1990, 23.

간들의 정의로운 공존이란 개념이 그것이다.[12]

이런 맥락에서 경제는 두 가지의 고전윤리적인 근본 문제들과 대면하게 된다 2 . 그 하나는 경제의 의미 문제이며, 다른 하나는 경제의 정당성 문제이다.

의미 문제는 아리스토텔레스적인 목적론적 윤리, 곧 추구하는 가치 혹은 좋은 삶에 관한 학설과 상응한다. 이런 의미 문제는 경제 형태를 우리의 문화적 삶의 기획이 추구하는 가치 지향성과 관련시킨다.

정당성 문제는 칸트적인 의무론적 윤리, 곧 도덕적 권리와 의무, 그리고 인간들 간의 책임, 특히 정의로운 공존에 관한 학설과 상응한다. 이런 정당성 문제는 경제질서와 개인적 행동 방식을 자유롭고 평등한 시민들로 구성된 제대로 질서 지어진 사회상 아래 위치시킨다.

이런 두 가지 관점은 서로 체계적인 관계를 맺고 있다. 3장에서 상술하겠지만 서로 존중하는 삶의 형태들을 다양한 방식으로 가능하게 하는 것은 정당한 경제질서와 사회질서다. 현대에는 좋은 삶의

2 경제적 가치 창조가 지닌 두 가지 경제윤리적 차원들

A. 좋은 삶의 차원 의미 문제	B. 정의로운 공존의 차원 정당성 문제
· 미래에 우리는 어떻게 살고자 하는가? (문화적 삶의 기획에 대한 질문)	· 누구를 위해 가치를 창조해야 하는가? (제대로 질서 지어진 사회상에 대한 질문)
· 우리는 어떻게 생산성의 진보를 의미 있게 이용하고자 하는가?	· 어떤 방식으로 우리는 합리화의 편익과 비용을 정의롭게 분배할 수 있는가?
· 경제활동을 통해 어떤 가치들이 창조되어야 하는가?	· 정의로운 (세계) 경제질서를 위해 어떤 국제적인 테두리 조건이 요구되는가?

형태가 복수적으로 존재한다. 그리고 그것은 모든 집단에게 인정받고 모든 구성원에게 규제력을 발휘하는 공평한 근본 질서 안에서만 존재한다. 따라서 이런 근본 질서는 규범적인 우위성을 갖는다. 그런데 사회구성원들이 타인에게 그가 선호하는 삶의 형태를 선택할 수 있는 자유를 허용하는 정당성의 전제조건을 유지하는 한, 이런 근본 질서는 특정한 세계관과 삶의 형태를 선택하는 개인으로 하여금 공식적으로 자기를 정당화할 필요를 없게 만든다.

이런 두 차원의 기본 구상에 따라 실천적으로 이성적인, 곧 삶에 봉사하는 경제는 두 가지 행동 지향적인 조건들을 필요로 한다. 좋은 삶에 대한 주관적 가치들(의미 지향성)과 정의로운 공존을 위한 일반적 원칙들(정의 지향성)이 그것이다. 그런데 여기서 오해하지 말아야 할 사항은 이런 조건들이 결코 경제적 효율성과 상충하는 것이 아니라는 점이다. 오히려 이런 조건들은 '삶에 봉사하는 (시장)경제가 무엇과 누구를 위하여 효율적으로 기능해야 하는가?' 하는 피할 수 없는 질문을 명확히 하는 것을 목적으로 한다. 시장은 윤리에 대해 무지하다. 시장은 윤리에 대해 스스로 알 수 없다. 그러므로 우리가 시장에게 윤리를 말해주어야 한다. 이성적 경제에서 효율성은 2차적인 기준에 불과하다. 의미 지향성과 정의 지향성이 1차적인 기

12_ 이렇게 두 가지 차원에서 삶에 대한 봉사란 개념을 이해하려는 시도들에 관해서는 Peter Ulrich, Integrative Wirtschaftsethik, 203 이하를 참조할 것.

준이다. 그러므로 효율성은 의미 지향성과 정의 지향성에 기초할 때 비로소 삶에 봉사할 수 있다[3].

나에게 경제윤리란 이성적 관점으로부터, 그리고 인간 삶의 연관 관계 안에서 경제적 가치의 창조를 철저하게 성찰하는 학문 분야다. 이렇게 이해된 경제윤리는 오늘의 주류 경제학과 입장을 달리한다. 이런 형태의 경제윤리와 달리 주류 경제학은 경제를 시장경제적인 시스템 논리의 관점에서 바라본다. 그리고 이것이 바로 현재 글로벌 시장의 논리이다. 글로벌 시장의 성립으로 국제적 차원에서는 이른바 산업입지 경쟁이 심화되고 국내적 차원에서는 시장의 테두리질서와 관련해서 경쟁이 격화되고 있다. 어떤 테두리질서나 경제 정책이, 세계 곳곳을 찾아다니며 투자하고 이윤을 획득하는 자본을 위해 좋은 투자 여건을 조성해줄 때 그것은 좋은 것으로 평가받는다. 이런 상황에서 삶에 대한 봉사라는 기준은 우선적으로 고려되지 않는다. 단지 산업입지의 국제적 경쟁력만이 중시된다. 다시 말해서 다른 산업입지들과 비교할 때 자본을 더 효율적으로 이용할 수 있어야

3 경제적 이성의 세 가지 관점들

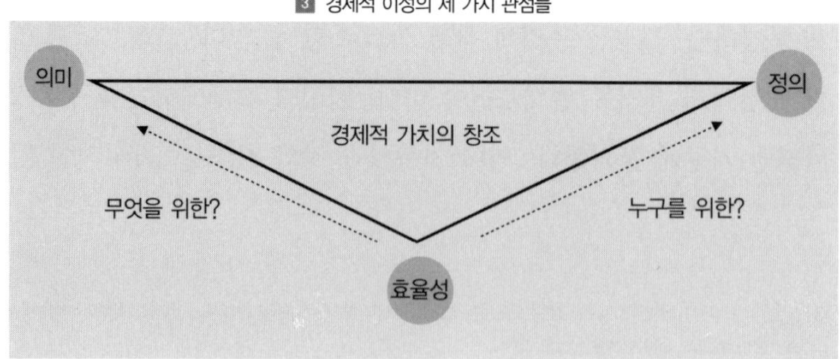

한다는 것이다. 결국 완고한 경제논리가 질서 정책Ordnungs politik 역자주 2 을 향해 자신의 승리를 선언하겠노라고 위협하고 있다(이 문제에 관해서는 6장에서 상술할 것이다). 이런 비인격적이고 비인간적으로 기능하는 시스템 논리는 인간적인 가치 요구나 정의 요구에서 점점 더 멀어지면서 앞에서 언급한 두 가지 사례들에서 확인된 바와 같이 인간의 삶의 조건과 실제 정책을 자기에게 복속시키고 있다.

반면 현대 경제윤리에서는 시장논리에 대한 윤리의 우선성이 강하게 주장되고 있다. 정치윤리의 경우도 마찬가지다. 그런데 이런 경제윤리와 정치윤리는 더 나은 논증을 위한 이성의 힘일 뿐 실제 정책에서의 힘은 아니다. 우리는 이러한 사실을 충분히 의식하고 있다. 여기서 이성의 무력함이 드러난다. 그래서 어떤 이들은 윤리적 입장이 지닌 비현실적 이상주의를 비웃으면서 모욕하기도 한다. 하지만 쉽게 포기할 필요는 없다. 왜냐하면 정치윤리적인 합리성 요구의 강한 영향력은 역사적으로 철저하게 증명되었고, 현대 사회는 결국 그런 요구에 근거해 있기 때문이다. 이것이 바로 계몽적 이성의 성공 역사다. 이러한 성공 역사는 보편적 인권과 민주주의를 내세우며 전 세계적으로 오늘날까지 끊임없이 진보를 계속해오고 있다. 이성의 잠재력은 지구상에 살고 있는 자유로운 인간들에게 거의 무제한적인 영향력을 행사하고 있다. '열린 사회'[13]에서는 모든 권력이

역자주 2_ 시장경제가 제대로 기능하도록 제도를 개선·발전시키고 경제적 규칙과 질서를 형성·유지하는 정책.

13_ 이에 관해서는 Karl Popper, Die offene Gesellschaft und ihre Feinde, 2 Bde., München 1956을 참조할 것.

선거권을 지닌 '이성적인 대중'[14]에 의해 정당화되어야 한다. 따라서 열린 사회에서는 '더 나은 논증을 통한 강제력 없는 강제'[15]가 타인을 고려하지 않으면서 자신의 이해관계를 관철시키는 사람들에게 공적이고 정당한 압력을 가할 수 있다.

이렇게 보면 경제윤리적 성찰이 단순히 사고의 지향성을 정립하는 데만 기여하는 것은 아니다. 실제적인 삶에서 의미를 형성하고 정의로운 사회관계를 구축하는 사회경제적 진보를 구현하기 위해서는 자신의 윤리적 책임을 인식하는 것이 필수적이다. 이런 책임 인식을 통해 자신의 경제시민적이고 국가시민적인 과제를 발견하는 것은 자유민주주의 사회에 속한 시민으로서의 임무이다. 여기서 정치적으로 성숙한 시민들의 공동체가 그들이 속해 있는 국민경제에 적절한 규범적 조건들을 제공해야 한다는 점이 중요하다. 그런 규범적 조건들을 제공하지 않는다면 우리는 국민 없는 국민경제를 갖게 될 것이다.

오늘과 같은 세계화 시대에 이런 막중한 과제는 당연히 세계시민들과 초국가적 영역에도 부여된다. 이런 사항에 관해서는 6장에서 상술할 것이다. 여기서는 우선 실제 정책을 지배하는 경제적인 물적

14_ 성숙한 시민들의 공적인 이성 사용이라는 유명한 계몽적 개념에 관해서는 Immanuel Kant, 'Beantwortung der Frage: Was ist Aufklärung?'(1784); 'Zum ewigen Frieden. Ein philosophischer Entwurf'(1795), in: Werkausgabe Bd. XI, 6. Aufl., Frankfurt a. M. 1982, 53~61 또는 193~251을 참조할 것.

15_ Jürgen Habermas, Vorbereitende Bemerkungen zu einer Theorie der kommunikativen Kompetenz, in: J. Habermas/N. Luhmann, Theorie der Gesellschaft oder Sozialtechnologie. Was leistet die Systemforschung?, Frankfurt a. M. 1971, 137.

논리에 대항하는 경제윤리적 논증을 심화시킬 필요가 있다. 이런 맥락에서 경제윤리의 주요 관심사는 현재 목소리를 높이는 시장 중심적인 신자유주의[16]가 보이고 있는 '물적 논리의 가치중립성'에 대한 과도한 존중을 지적하는 것이다. 많은 시민들이 신자유주의에 전적으로 동의할 수 없다는 사실을 직감하고 있다. 하지만 그들은 자신의 직감을 정확한 언어로 표현하는 데 서툴다. 1장 Ⅳ에서는 신자유주의적인 물적 강제의 수사법과 공공복리의 수사법이 경제적 이성의 이름으로 말할 수 있는 모든 것을 이야기하는 것은 아니라는 독자들의 직감을 확증해줄 것이다.

16_ 여기서 신자유주의라는 개념은 거의 근본주의적이고 일반화된 시장자유주의를 표현하기 위해 저널리즘적인 방식으로 사용되고 있다. 이 개념은 어떤 하나의 입장을 사상사적으로 설명하기 위한 것이다. 이에 관해서는 3장, 그리고 6장 Ⅲ에서 상술할 것이다.

Ⅳ.
경제적인 물적 논리와 그것의 경제주의로의 귀결에 대한 비판

성 갈렌대학교의 경제윤리학적 입장을 대표하는 통합적 경제윤리는 근본적으로 비판적이다. 통합적 경제윤리에 따르면 경제적인 물적 논리로 진술되는 것은 언제나 그 자체로 규범적이다. 따라서 경제적인 물적 논리를 단순히 또 다른 윤리적 규범성으로 덮어씌우려는 것은 그렇게 의미 있는 시도라고 할 수 없다. 흔히 가치중립적으로 이해되고 있는 경제적인 논증 방식이 지닌 규범적 내용성이 비판적으로 이해되지 않고 헤겔적인 의미에서 '지양'[17]되지 않는다면 이와 같은 또 다른 형태의 윤리적 규범성은 수용되지 않고 튀어 되돌아올 것이기 때문이다.

순수한 경제적 이성에 대한 비판과 이런 이성의 이름으로 유포되는 모든 것에 대한 비판은 통합적 경제윤리의 첫 번째 중심 과제이다. 그런데 이런 과제에 눈을 돌리기 전에 통합적 경제윤리의 전체적인 구도를 간단하게나마 조망할 필요가 있다. 통합적 경제윤리의 근본 과제들은 도덕적 관점에 대한 일반적인 철학적 윤리의 입장에 의거해서 세 가지로 나눌 수 있다.

17_ 헤겔의 변증법은 다음과 같은 사고에 기초하고 있다. 모든 명제는 반대명제에 의해 부정된다. 그런 다음 반대명제의 부정을 통해 원래의 명제를 보다 높은 단계에서 보전하는 종합명제가 형성된다. 명제와 반대명제는 종합명제 안에서 삼단계적인 의미로 지양된다. 첫째, 보다 높은 반성 수준으로 올라간다. 둘째, 거기서 제거된다. 셋째, 동시에 원래의 사고가 보전, 곧 통합된다.

첫째는 순수한 경제적 이성과 그것의 경제주의로의 귀결을 비판하는 것이다. 혹은 시장형이상학을 탈마법화하는 것이다.

둘째는 삶에 봉사하는 경제의 윤리적 관점을 두 가지 차원, 곧 의미 문제와 정당성 문제로 설명하는 것이다.

셋째는 자유로운 시민들로 구성된 제대로 질서 지어진 사회에서 경제적 도덕의 자리들을 결정하는 것이다. 이는 경제윤리적 요구들의 담지자를 해명하는 것을 의미한다.

이 책의 몇몇 장들에서는 이러한 세 가지 경제윤리적 근본 과제들을 다루고 있다. 1장은 전적으로 첫 번째 근본 과제에 집중하고 있다. 2장에서는 의미 문제를, 3장에서는 정당성 문제를 다루고 있다. 따라서 2장과 3장은 두 번째 근본 과제와 대결하고 있는 셈이다. 나머지 세 장들은 세 번째 근본 과제에 따라 세 가지 경제적 도덕의 자리들을 해명한다. 4장은 직접적으로 시민들에게 기대될 수 있는 경제윤리적 요구들에 관해 묻고 있다(경제시민윤리). 5장은 기업의 적절한 역할에 대해 질문하고 있다(기업윤리). 6장은 세계화 시대에 삶에 봉사하는 시장의 테두리질서에 관해 묻고 있다(세계경제윤리).

첫 번째 근본 문제로 돌아가보자. 먼저 앞에서 언급하고 쾰른대학교의 사회경제학자인 게르하르트 바이서Gerhard Weisser, 1898~1989가 제시한 경제주의 개념[18]은 무엇을 의미하는가? 경제주의는 다른 모든 주의들과 마찬가지로 하나의 세계관을 뜻한다. 경제주의는 가치중립적 합리성이란 용어 뒤에 숨어서 경제적 합리성, 곧 효율성을 최상의 가치로 절대화하고 삶의 양식, 사회, 정치를 거의 무제한적으로 경제화하는 세계관이다. 따라서 현대에 존재하는 거대한 이데올로기인 경제주의는 이른바 탈이데올로기 시대라고 지칭되는 오늘의 시대와는 부합하지 않는다. 과거에 어떤 이데올로기도 경제주의만큼 전 세계적으로 영향을 미치지 못했다. 사상사적으로 볼 때 경제주의에 대한 비판 혹은 무제약적인 경제적 이성에 대한 비판은 계몽주의의 보충 작업이라고 할 수 있다.

다소 거칠게 말하자면 경제주의는 경제적 이성이 스스로를 믿는 신앙에 불과하다. 이미 1장 Ⅱ에서 인용한 바 있는 "경제학자는 효율성이 목적이라는 사실을 믿고 있다"는 바이츠제커의 고백을 기억할 필요가 있다. 바이츠제커의 이런 자명한 진술에 대해 경제학자들이 자연스럽게 경제주의자가 되는 것은 아니라는 이의를 제기할 수 있다. 다시 말해서 경제학자들은 전문적으로 왜곡된 의미의 경제주의적 세계관에 빠질 특별한 위험에 노출되어 있을 뿐이라는 것이다. 실제로 객관성에 충실하고자 하는 경제학자들은 자기 학문의 철학적 기본 가정과 방법론적 기본 가정을 항상 비판적으로 성찰하면서 자기 자신을 이런 왜곡된 경제주의적 세계관으로부터 보호하고 있다고 생각한다. 그러면서 그들은 순수한 경제적 분석으로부터 결코

18_ 이에 관해서는 Gerhard Weisser, Die Überwindung des Ökonomismus in der Wirtschaftswissenschaft, in: Gerhard Weisser, Beiträge zur Gesellschaftspolitik, Göttingen 1978, 573~601을 참조할 것.

윤리적이고 정치적인 내용을 지닌 규범적 결론이 도출될 수 없다고 생각한다.

경제주의는 경제 정책적이고 사회 정책적인 관점에서 제시되는 경제학적 논증의 규범적 내용에 대해 이론적으로나 실천적으로 성찰하지 않는다. 이런 특징은 경제주의가 시장경제적 경쟁의 조건 아래서는 윤리적인 것의 고려가 불가능하다는 이유를 들면서 윤리의 이름으로 제시되는 규범적 요구들을 거절하는 방식으로 나타난다. 하지만 이 경우에도 시장이 지닌 규범적 논리는 암묵적으로 전제될 수밖에 없다.

그런데 시장경제적 조건들은 경험적 조건과 규범적 조건으로 나타날 수 있다. 이에 따라 경제주의의 형태들도 다음의 두 가지로 구분될 수 있다. 하나는 물적 강제론이고, 다른 하나는 시장형이상학이다. 전자는 냉혹한 글로벌 경쟁이 수천 명의 사람들을 해고하도록 강제한다는 식으로 표현되고, 후자는 이런 경쟁을 통해 시장은 최종적으로 만인의 복리를 증진시키는 데 기여할 것이라는 식으로 표현된다.

나는 경제주의의 이런 두 형태들, 곧 경험주의적 버전으로서의 물적 강제론과 규범주의적 버전으로서의 시장형이상학을 상세하게 설명하고 이것들이 수행하고 있는 이데올로기적 기능을 명확하게 서술하고자 한다.

물적 강제론

경쟁 속에서 생존해야만 하는 사람들에게 경쟁의 물적 강제가 존재한다는 사실은 의심의 여지가 없다. 또한 대부분의 사람들이 자신의 노동력으로 생활비를 벌어야만 한다는 것도 부인할 수 없다. 소득이나 이윤에 대한 이런 관심은 성공에 대한 강박관념을 갖게 하는 원인으로 작용한다. 따라서 시장은 홀로 우리에게 어떤 것도 강제할 수 없다. 오스트리아의 유명한 경제학자인 요제프 슘페터Joseph Schumpeter, 1883~1950가 정확하게 정식화했듯이 "기업과 기업 경영자는 (중략) 최소의 비용으로 최대의 생산을 산출하려는 (중략) 이윤 동기에 의해 강제된다."[19]

이렇듯 시장에는 이윤 극대화를 위한 객관적인 강제가 존재하지 않는다. 오히려 경제주체들이 소득과 이윤을 얻으려고 노력하면서 생겨나는 그들 사이의 상호적인 강제만이 존재할 뿐이다. 따라서 소득 극대화와 이윤 극대화에 대한 기존의 이데올로기적 관점에 근거해서 경제주체들의 행동이 지니고 있는 인간적이고 사회적이고 생태적인 측면을 평가하는 것은 완전히 불가능하다. 우리는 이런 관점 대신에 경제윤리적 관점을 채택할 필요가 있다. 경제윤리적 관점에서 소득과 이윤을 얻으려는 이런 노력들이 다른 사람들의 권리의 측면에서 얼마나 정당한가, 그리고 어떤 경우에 우선권을 갖는가를 비판적으로 평가하는 것이 필수적이다. 우리는 경제 영역에서 타인을

19 … Joseph Schumpeter, Kapitalismus, Sozialismus und Demokratie, 4. Aufl., München 1975, 129.

희생키면서까지 무자비하게 행동하지 않는다. 물론 마피아 경제에서는 예외이지만 말이다.

서로 경쟁하는 조건 아래서 도덕적인 행동이 불가능하다는 주장은, 우리가 윤리적인 이유에서 이윤이나 소득을 포기해야 한다는 과도한 요구로 그 정체를 드러낸다. 이런 요구는 다음과 같은 질문으로 표현할 수 있다. '우리가 관련 당사자들, 예를 들어 노동자들, 고객들, 하청업자들 혹은 지역 공공단체의 요구들을 수용하기 위해 어느 정도까지 경제주체들에게 이윤이나 소득의 포기를 정당하게 요청할 수 있는가?' 하지만 원칙적으로 경제주체들도 경쟁 상황에서 정당하게 자기의 몫을 요구할 수 있다. 어떤 사람도 자신의 정당한 요구를 굳이 부정할 필요는 없다. 따라서 경제주체들과 관련 당사자들은 상대방의 도덕적 권리를 서로 존중해주고 자신들의 요구를 스스로 제한하려는 자세를 지녀야 한다.

어떤 경제주체의 경제적 자기주장이 덜 저지될수록 개인적 소득이나 이익을 도덕적으로 제한하는 것은 어려워진다. 이런 문제는 질서 정책과 관련된다. 따라서 시장이 탈규제화될수록, 시장 안에서 경쟁이 치열해질수록 모든 경제주체들의 자기주장은 강해지고 그들의 자기 제한은 덜 요구받게 된다. 행복과 거의 무관한 완전한 자유시장은 실제적인 삶의 영역에서 철저한 강제 상황을 초래한다. 이런 형태의 시장은 무엇보다도 경쟁력이 약한 사람들을 열악한 삶의 조건으로 몰아넣는다. 우리 모두가 약 20년 동안 경험한 바와 같이 탈규제 정책과 경쟁 강화 정책은 세계 도처에서 승자와 패자 간의 격차를 증대시키고 있다. 여기서 다음과 같은 질문이 제기된다. '우리는 정말 이런 상황을 원하는가?' 이런 질문을 이데올로기 비판적으로 바꿔보면 다음의 물음으로 변형된다. '구체적으로 누가 어떤 이유에서 이런 상황을 원하는가?'

모든 경제 정책적 문제들과 사회 정책적 문제들을 해결하기 위해 '더 많은 시장'을 요구하는 현재의 신자유주의적 경제 신조는 의문시되고 있다. '더 많은 시장'이란 구호를 대중적으로 풀어보면 다음과 같이 표현할 수 있다. '어리석은 짓 하지 마라. 시장이 조정할 것이다.' 나의 이런 분석이 옳다면 제한 없는 탈규제화와 경쟁 심화를 내세우는 신자유주의적 정책은 시민들을 경제적인 물적 강제로부터 해방시키는 것이 아니라 오히려 이런 물적 강제에 철저히 복속시키는 것이다. 물적 강제 정책으로부터 이익을 얻는 사람들만이 이런 정책에 관심을 갖는다. 따라서 경제윤리적 관점에서 보면 시장의 물적 강제 논리는 편파적이다. 이데올로기적으로 표현하면 이러한 편파성은 바로 경제주의의 두 번째 형태인 규범주의적 형태가 수행하는 과제라고 할 수 있다.

시장형이상학

시장의 편파성이 분명히 드러나지 않는 것은 시장의 비인격적인 기능 방식이 공평한 결과를 낳는다는 허위적 사실과 관련이 있다. 여기서 모든 사람들에게 동일하게 유익한, 다시 말해서 공공복리에 기여하는 보편적 효율성이 등장한다. 그러나 실제로는 보편적 효율성은 결코 존재하지 않는다. 오히려 시장은 금융자본, 실물자본 그리고 인적 자본을 포함한 넓은 의미의 자본을 자기 마음대로 처리할 수 있는 사람들의 체제 부합적인 이해관계를 구조적으로 우대한다. 이런 힘 있는 경제주체들이 투자를 하건 하지 않건 간에, 일자리를 만들건 없애건 간에, 임금을 올리건 억누르건 간에 이들의 행위는 현존하는 자본주의적 시장경제의 규범적인 물적 논리 아래서 항상 합리적인 것으로 간주된다. 이를 막스 프리슈는 "이익이 생기는 것이 이성적이다"라고 표현한 것이다. 반면에 체제 부합적이지 않은 다른 이해관계(예를 들어 노동자의 이해관계)나 이상적인 관심(예를 들어 인권의 보장, 사회적 정의, 생태적 지속 가능성)을 대변하는 사람들은 경제적인 물적 논리와 규칙적으로 충돌한다.

이런 사실을 고려해보면 '경제 발전에 대한 독일평가위원회'가 매년 펴내는 백서에서 노동자연맹과 정부를 향해 비이성적이라고 비난하면서 경제 정책적 경고를 보내는 행태는 놀랄 만한 일이 아니다.

> 신고전주의적[20] 해석 모델에 따르면 확정과 산입을 불안정하게 만드는 오류는 간단하게 인식될 수 있다. 이런 오류는 노동조합 측에서 지나친 임금 인상을 요구하고 정부 측이 이윤에 대해 지나치게 높은 세율을 적용할 때에만 발생한다. 그러므로, 경기 및 성장과 관련된(저자 첨가), 안정화 목표가 성취되지 못한 경우 경제 평가 위원

20_ 신고전주의적 경제 이론에 관해서는 Peter Ulrich, Integrative Wirtschaftsethik, 176 이하를 참조할 것.

들은 가치중립적인 입장에서 노동조합들과 정부가 경제적 법칙을 훼손시켰고, 그래서 경제적으로 무책임한 태도를 보이고 있다고 주장할 것이다.[21]

반면에 스스로 가치중립적이라고 여기는 시장논리 전문가들이 주주들이나 그 밖의 자본가들을 향해 높은 이윤을 취하려는 태도를 자제해야 한다고 경고하는 소리는 거의 들어본 적이 없다.[22] 그러나 최근에 나온 거시경제적 자료들은 개발도상국 경제에 대한 글로벌 금융시장의 악영향(예를 들어 아시아 금융위기)은 차치하고라도 근자에 발생된 경제 정책적 문제들(1990년대 이래로 지속되고 있는 저성장과 실업)의 핵심 원인이 일방적인 주주 지향성에 있음을 지적하고 있다. 공공복리 문제에 관한 경제주의적 레토릭이 수행하는 이데올로기적 기능은 시장원리가 자본 측의 이해관계를 일방적으로 대변하는 것이다.

조화를 내세우는 시장형이상학의 정신사적 배경에 관해서는 2장 Ⅱ에서 상술할 것이다. 여기서는 먼저 이성적 경제가 지향하는 이념에 관해 살펴보기로 하자.

21_ Siegfried Katterle, Alternativen zur neoliberalen Wende. Wirtschaftspolitik in der sozialstaatlichen Demokratie, Bochum 1989, 21 이하.

22_ 기업윤리의 맥락에서 주주가치원칙(Shareholder-Value-Doctrine)을 평가하는 작업에 관해서는 5장 Ⅱ에서 상술할 것이다.

V.
경제적 이성윤리의 최고 이념으로서의 사회경제적 합리성

어떻게 경제윤리학자가 시장형 이상학에서 내세우는 공공복리라는 허구적 개념을 깨뜨릴 수 있을까? 원칙적으로 이런 작업은 매우 간단하다. 효율성의 관점에서 경제적 이성의 이름으로 제안된 행동 방식 혹은 제도 형성이 구체적으로 누구에게 효율적이고 누구에게 비효율적인가를 되물으면 되는 것이다. 이렇게 보면 희소한 자원과 재화를 효율적으로 사용하는 문제는 항상 모든 관련자들 사이의 사회적 갈등을 다루는 문제와 분리될 수 없다는 사실이 자명해진다[4].

아래의 T-모델은 다음의 두 가지를 상징한다. 첫째, 이성적 경제는 두 가지 측면, 곧 효율성과 정당성의 측면에서 접근되어야 한다. 왜냐하면 희소한 재화를 둘러싼 사회적 갈등을 정의롭게 다루는 문

4 사회경제적 합리성의 두 가지 측면

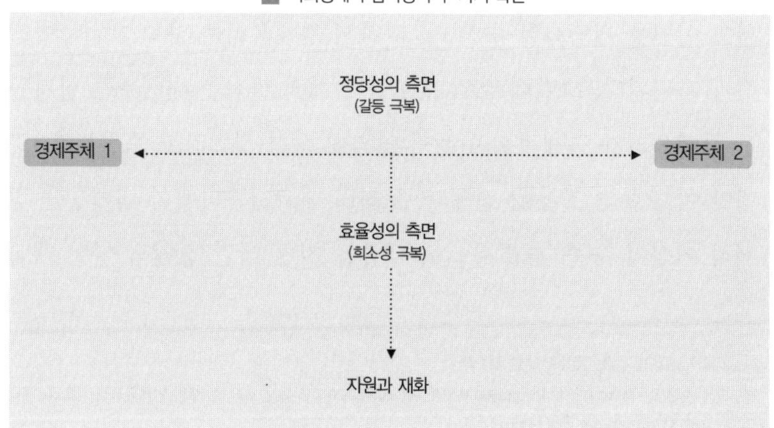

제는 순수한 경제적 범주에서가 아니라 윤리적 이성의 범주에서 답변될 수 있기 때문이다. 둘째, 이성적 경제의 두 가지 측면들 사이에 적절한 관계를 형성하는 방안과 이 두 차원들을 매개하는 방안이 추구되어야 한다. 경제적 합리성, 곧 효율성에 윤리적 합리성, 곧 정당성을 결합시키지 않은 채 대립시키는 것 혹은 윤리적 기준들을 위해 효율성 요구를 무시하는 것은 옳지 않다. 오히려 효율성의 관점을 포괄적인 경제적 이성으로 지양Aufhebung[23]하는 것이 중요하다. 필자는 이런 경제적 이성의 (담론윤리적인) 규제적 이념을 종래의 경제적 합리성과 구분하여 사회경제적 합리성이라고 부른다. 사회경제적 합리성은 윤리적 정당화 조건을 이성적 경제로 통합시킨다. 다른 이들과 이성적으로 의사소통을 하는 자유롭고 성숙한 사람들을 가치 창조의 정당한 형식으로 인정하는 행동이나 제도는 통합적 경제윤리의 관점에서 경제적으로 이성적인 것이라고 간주할 수 있다.[24]

우리는 사회경제적 합리성을 가지고 현대적인 경제적 이성윤리의 최고 이념을 개념화할 수 있다. 따라서 경제윤리는 사회경제적 합리성과 관련된다. 그런데 소위 순수한 경제적 관점을 내세우는 학자들은 경제윤리가 경제적 비이성의 영역에 속한 것이라고 주장한다. 하지만 이는 분명 잘못된 견해다. 오히려 신고전주의에서 내세우는 경제적 이성이 수준 높고 윤리적 내용을 지닌 이런 경제적 이성 개념

23_ 지양 개념에 관해서는 1장 주 17을 참조할 것.

24_ 이에 관해서는 Peter Ulrich, Integrative Wirtschaftsethik, 120 이하를 참조할 것. 또한 담론윤리적 기초에 관해서는 같은 책 78쪽 이하를 참조할 것.

과 대비되는 것이다.

물론 사회경제적 합리성은 매우 추상적이다. 규제적 이념으로서 그것은 하나의 방향 제시자와 같이 우리가 이성적으로 지향해야 할 일반적 방향성만을 제시한다. 사회경제적 합리성은 근대적인 경제적 이성윤리가 지닌 도덕적 관점 외의 다른 것이 아니다. 그런데 우리는 사회경제적 합리성이 제시해주는 방향으로 실제로 나아갈 때야 비로소 그것이 우리를 개별적으로 어디로 인도하는지를 알게 된다. 나는 독자들이 뒤에 이어지는 장들에서 나와 함께 이러한 길을 따라 거닐었으면 한다. 2장에서는 정신사적이고 실제 역사적인 관점에서 속박으로부터 풀려나온 근대의 경제적 합리화 흐름이 생겨나게 된 구조적 원인들에 관해 알아보고자 한다. 또한 같은 관점에서 장차 경제 영역에 더 많은 이성을 가져오게 될 것이라는 경제적 합리화 과정의 약속이 이행될 때 우리가 어떤 도전들에 직면하게 될 것인지를 탐구해보고자 한다.

2

어디를 향한 진보인가?

근대의 약속과 새로운 시대의 의미 문제

'진보Fortschritt'라는 개념은 '전진하다fortschreiten'라는 동사에서 파생된 것이다. 그런데 이때의 진보는 어디를 향한 진보인가? 이 장에서는 근대의 경제화 과정이 약속한 진보에 대해 거시적인 역사적 관점에서 접근하고자 한다. 오늘날 우리는 어느 정도까지, 그리고 무엇 때문에 시대적 변화를 수용해야 하는지에 관해 설명하고 숙고할 필요가 있다. 미래로 나아가는 것이 의미 있는 진보가 되기 위해서는 그것이 제시하는 행동 방향성에 관해 알아보아야 할 것이다.

이 장에서는 먼저 근대가 이루었고 이루고 있는 것에 관해 상세히 살펴볼 것이다(Ⅰ). 그리고 근대가 이루었고 이루고 있는 것의 역사적 기원에 관해 알아볼 것이다(Ⅱ). 왜냐하면 현재는 이미 이루어진 것으로 이해될 수 있고 미래는 이런 현재의 이해를 통해서만 진보적으로 형성될 수 있기 때문이다. 이런 사실로부터 현재의 경제적 도전이 무엇인지 파악할 수 있다(Ⅲ). 그리고 나서 우리는 존 메이너드 케인스John Maynard Keynes, 1883~1946의 꿈(Ⅳ)과 막스 베버의 우려(Ⅴ) 사이에 존재하는 긴장 영역에서 진보 문제에 관한 주제가 변화되는 것을 경험하게 될 것이다.

Ⅰ.
근대의 미완성적 기획
위르겐 하버마스

찰리 채플린Charlie Chaplin, 1889~1977은 "시대가 냉혹하나 근대적이다"라고 말했다. 여기서 '냉혹하다'는 것은 한편으로 우리 인간이 과거의 관습과 가치에서 벗어나 삶을 자립적으로 영위하고 생각을 자율적으로 해야 한다는 요구를 포함한다. 그런데 이런 요구는 문화적 근대화 및 경제적 근대화와 밀접하게 연결된다. 문화적 근대화의 핵심은 "자신의 미숙함으로부터 벗어나는 것"[1]을 가리킨다. 반면 경제적 근대화는 우리 인간이 생존경쟁에서 경제적 삶의 경영자, 곧 자기 노동력의 운영자가 되어야 한다는 요구를 담고 있다(이에 관해서는 1장을 참조할 것). 이런 문화적 근대화와 경제적 근대화는 상대를 긴장시키는 상호작용을 하고 있는데 사회적 근대화는 애초부터 이런 상호작용에 근거해 있다 5.

문화적, 사회적, 경제적 근대화를 묶어주는 것은 이 세 가지가 지닌 해방적 성격이다. 우리는 외부의 규정을 받는 사고와 행위로부터 자신을 해방시켜 자유로운 시민으로 살 수 있어야 한다(칸트). 이때 추진력을 제공하는 것은 "이성에 대한 호소를 통해 자기를 해방시키려는 사고, 곧 인간을 구속하는 것을 벗어던지고 인간을 자유롭게 하고 인간의 자율성을 확립하는 것"[2]이다. 이런 사상이 나온 이후부터 자율성, 곧 이성적 자기 결정 방식은 더 이상 부분적인 행동 영역

1_ Immanuel Kant, Beantwortung der Frage: Was ist Aufklärung?, 53.

2_ Wilhelm Röpke, Maßund Mitte, Erlenbach-Zürich 1950, 17 이하.

과 생활 영역에 한정될 수 없게 되었다. 따라서 역사적이고 시대적인 '근대의 기획'[3]은 포괄적이고 무제약적인 요구를 갖게 되었다.

그러나 근대화가 진척됨에 따라 앞에서 언급한 해방적 요구가 실현되었다고 이야기할 수는 없다. 근대적 생활 양식에 적응할 것을 요구하는 압력이 전통적 생활 양식에 직접 침입해 들어가고 있다. 또한 문화적 구조와 사회경제적 구조가 변화하는 속도가 너무 빨라 사람들이 여기에 제대로 적응하지 못하고 있다. 따라서 근대적 생활 양식에의 적응 압력은 사람들에게 매우 위협적으로 느껴질 수 있다. 이런 상황에서 반동적 대항 세력, 심지어는 근본주의적 대항 세력이

5 사회적 근대화의 두 가지 차원

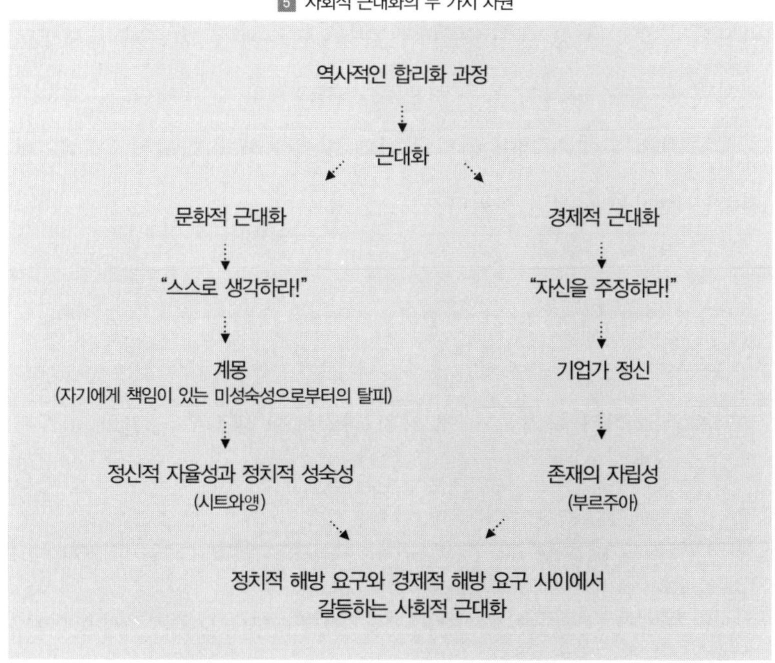

등장하고 있다. 근대화 과정은 처음부터 세계관적이고 정치적인 차원에서 많은 논란을 일으켜왔고 앞으로도 그럴 것이다. 2장 Ⅱ에서 언급할 것이지만 근대적 합리화 흐름에 대한 모든 저항들이 퇴행적인 멘탤러티를 표현하는 것은 아니다. 이런 맥락에서 진보란 어떤 근대적인 것을 의미하는가라는 질문이 중요해진다.

20세기 초 처음으로 인류 역사 전체를 합리화 과정으로 해석하고 근대화를 이런 합리화 과정의 서양적 형태로 이해했던 학자가 바로 막스 베버다. 이미 1장에서 언급한 바와 같이 합리화는 철저하게 이성화, 곧 실천의 방향을 전통적인 것에서 합리적인 것으로 바꾸는 방식을 의미한다. 전근대적인 시기에는 사람들이 늘 해왔던 대로 하는 방식이 옳은 것으로 인정받았다. 그러나 근대에는 그 근거가 제대로 제시될 수 있는 방식이 옳은 것으로 간주되었다. 근대에는 자기 자신 혹은 다른 이들에게 개인 행위나 사회 형성에 관한 합리적 근거를 제시하는 것이 중요해진 것이다.

> 근대는 자신이 남겨둔 유일한 권위, 곧 이성을 통해 안정화되어야 한다.[4]

근대에는 이런 합리화가 세 가지 관점에서 새로운 급진화를 경험

3_ 이 개념에 관해서는 Jürgen Habermas, Die Moderne-ein unvollendetes Projekt, in: Jürgen Habermas, Kleine politische Schriften I-IV, Frankfurt a.M. 1981, 444~464를 참조할 것.

4_ Jürgen Habermas, Konzeptionen der Moderne, in: Jürgen Habermas, Die postnationale Konstellation, Frankfurt a.M. 1998, 195~231, 198.

한다.

첫째, 문화적인 근대화로서 합리화는 "세계의 탈마법화"[5]를 추구하며 미래로 자신을 열어놓는다. 세계의 탈마법화란 세계의 진행에 대해 신화적이고 종교적인 의미를 부여하는 태도들을 계몽주의적 입장에서 비판하는 방식을 말한다. 합리화는 이성을 세계에 대한 관점(이론)과 행동 지향성(실천)의 유일한 근거자로 간주하는 데 만족하지 않고 역사가 이성적으로 전개되어야 한다는 주장까지 내세운다. 이런 맥락에서 합리화는 전통에 대해 급진적인 비판을 가한다.

둘째, 사회적이고 정치적인 근대화로서 합리화는 사회구조와 정치 지배 방식을 형성하는 과정에서 윤리적이고 정치적인 이성을 유일한 권위자로 받아들인다. 그리고 이런 이성으로부터 자유롭고 평등하고 성숙한 시민들로 구성된 해방적 사회를 구상한다. 이런 특성으로 인해 합리화는 전통적인 사회구조와 정치 지배 방식에 문제를 제기한다. 즉, 합리화는 사회에 대해 급진적인 비판을 가한다.

셋째, 기술적이고 경제적인 근대화로서 합리화는 학문, 기술, 경제, 행정 등과 같은 사회 영역들을 일상생활에서 통용되는 규범들과 가치들로부터 분리시킨다. 이를 통해 각 사회 영역에서 작동하고 있는 기능적 합리성들을 자유롭게 해준다. 이런 기능적 합리성들이 생활 세계의 규범적 요구들로부터 해방되고 특성화된 전문적 학문들에 의해 지지될 경우 그것들은 각각의 고유성을 획득할 수 있다. 이

5_ Max Weber, Die Protestantische Ethik und der Geist des Kapitalismus, 94.

런 의미에서 합리화는 자기 법칙성의 급진적 전개라고 할 수 있다.

마지막으로 언급된 자기 법칙성은 의미상 사회적 체계들의 형성과 연결된다. 사회적 체계들 안에서 행동의 조정은 더 이상 주체들이 실천적 의미의 맥락 안에서 추구하는 직접적 지향성을 통해 이루어지지 않는다. 오늘날 이런 행동의 조정은 주체들이 비인격적 기능의 맥락 안에서 추구하는 간접적 지향성을 통해 실현되고 있다.[6] 근대적 (시장)경제 체계 안에서 자신의 권리를 주장하고자 하는 사람은, 그가 금융자본 또는 실물자본을 처리하건 아니면 인간자본을 제공하건 간에, 자본의 논리에 따라야만 한다. 이와 마찬가지로 국가 행정 체계에서는 "인간에 대한 고려 없이"[7] 법적으로 규정되어 항상 서류상의 근거를 따지는 과정을 중시하는 관료주의적 논리가 지배한다. 학문 체계에서도 자신의 학문적 커리어를 번듯하게 만들고자 하는 신진 학자들이 고도의 전문적인 학문 논리와 비인격적이고 가치중립적인 객관성으로부터 벗어나는 일은 거의 불가능해지고 있다. 따라서 학문적 입장들이 실제 현실과 직접적으로 부합하는지를 따지는 것은 더 이상 중요하지 않다. 만일 어떤 학문적 입장이 주류 학문에 속해 있지 않다면 이런 경향은 더욱 심화된다.

달리 표현하면 고유한 기능을 하는 사회적 체계들의 자기 법칙성

6_ 생활 세계와 사회적 체계들의 구분은 Jürgen Habermas, Theorie des kommunikativen Handelns, 2 Bde., Frankfurt a.M. 1981에서 서술되고 있다. 개개의 사회 영역에서 전개된 이런 흐름에 관해서는 Peter Ulrich, Transformation der ökonomischen Vernunft, 68 이하를 참조할 것.

7_ Max Weber, Wirtschaft und Gesellschaft, 5. Aufl., Tübingen 1972, 129, 562.

은 자체의 내부 논리로부터 추동되는 역동성을 지닌다고 할 수 있다. 이런 역동성의 외부적 표출은 물적 강제의 논증으로 정당화되고 있다. 그런데 이런 정당화는 물적 논리를 비성찰적이고 무비판적으로 수용하는 권위자들에 의해 이루어지거나 아니면 직접적으로 이익을 얻지만 자신들의 이해관계를 비인격적인 물적 논리 뒤에 숨기는 사회집단들에 의해 수행된다. 후자에 관해 우리는 이미 1장 Ⅳ에서 순수한 경제적 합리성과 관련해서 살펴본 바 있다.

물론 점점 더 다양해지는 학문들 안에서 물적 강제를 옹호하는 전문가들에 반대하는 비판적 전문가가 발견되기도 한다. 그런데 이런 비판적 전문가는 대개의 경우 학문적 능력으로 인해 구별되는 것이 아니다. 오히려 세계관이나 가치관에 따라 구별되는 것이다. 그간에 이루어진 전문가들끼리의 큰 논쟁들, 예를 들면 원자력 논쟁, 광우병 위기 논쟁, 유전공학 논쟁, 경제 정책 논쟁, 사회 정책 논쟁 등은 공공의 영역에서 다음의 사실을 분명히 드러내준다. 선택된 연구 관점들과 문제제기들에서 드러나는 특정 가치관들이 소위 가치중립적이라고 주장되는 연구의 결과물에 반영되기 마련이라는 사실이다. 사회 정책적인 진보 이념들도 대개의 경우 특정 가치관들과 밀접한 연관을 맺고 있다. 이런 이유 때문에 어디를 향한 진보인가라는 물음에 분명한 답변을 제시하기가 쉽지 않다. 하지만 분명한 것은 무엇을 진보로 규정할 것인가라는 질문은 전문가들을 위한 물음이 아니라 시민으로서 우리가 결정해야 할 물음이라는 점이다.

II.
자본주의의 정신 막스 베버과 거대한 변형 칼 폴라니

근대화를 이끌어가는 주체는 처음부터 역사적 진보성을 지닌 시민 계급이었다. 전근대적인 시기의 시민 계급은 전통적인 봉건적 경제구조로부터 해방된 상인들이었다. "도시의 공기가 자유를 제공해준다"는 말이 드러내는 것처럼 경제적 차원에서의 독립 의식은 시민들의 정치적 해방으로 표현되었다. 나아가 이런 경제적 독립 의식은 피렌체와 베네치아로부터 한자동맹 도시들에까지 이르는 정치적으로 독립된 도시국가들, 즉 공화국들의 형성으로 이어졌다. 이렇듯 경제적 자유화는 정치적 자유화를 동반했다. 그런데 경제적 자유화와 정치적 자유화의 공통 기반은 앞서 언급된 문화적 근대화라고 할 수 있다. 문화적 근대화는 이성의 비판을 통해 전통적인 세계관, 삶의 형태, 그리고 사회 형태를 용해시켰다.

칸트는 시민을 뜻하는 두 가지의 프랑스어 개념들, 곧 부르주아 bourgeois[역자주1]와 시트와얭citoyen[역자주2] 사이에 존재하는 내적 긴장에 주목했다.[8] 탈전통화는 경제와 사회의 관계와 관련해서 양가성을 갖고 있다. 이런 양가성은 무엇보다도 19세기 후반에 두드러졌다. 유명한

역자주 1 _ 재산을 갖고 있으면서 인격적 자립성을 획득한 유산시민.

역자주 2 _ 국가에 대해 특정의 의무를 지니면서도 국가로부터 보호받아야 할 권리를 지닌 국가시민.

8 _ 이에 관해서는 Immanuel Kant, Über den Gemeinspruch: Das mag in der Theorie richtig sein, taugt aber nicht für die Praxis, in: Werkausgabe Bd. XI, hrsg. v. W. Weischedel, 6. Aufl., Frankfurt a.M. 1982, 125~172, 특히 151을 참조할 것.

경제 이론가인 칼 폴라니Karl Polanyi, 1886~1964는 이런 양가성의 시대적 전개를 (오늘날까지 세계사적으로 진행되고 있는) 거대한 변형으로 규정했다.[9] 사회적 근대화의 핵심적인 양가성은 시트와옝citoyen의 사회정치적인 해방 요구와 부르주와의 경제적인 해방 요구 사이의 불분명한 관계로 존재한다.

시트와옝citoyen의 사회정치적인 해방 요구는 자유민주주의적 사회프로그램으로 전개되고 있다. 합법적인 사회질서는 시민공동체와 (칸트적인 의미에서 '공적인 이성 사용'[10]을 뜻하는) 심의 과정으로 드러나는 제도로 생각될 수 있다. 자유롭고 평등하고 성숙한 존재로서의 사회구성원들은 시민사회에 근본적인 요소이다. 정치철학과 윤리가 만인의 동등한 자유, 동등한 기본권 그리고 동등한 삶의 기회를 요구하는 것에서 드러나듯이 '도덕적 평등'[11]은 정치적 자유주의, 곧 시트와옝의 해방적 프로그램에서 포기할 수 없는 핵심이다(이에 관해서는 3장에서 상술할 것이다).

반면 부르주아의 경제적인 해방 요구는 주로 영리적인 동기를 도덕적이고 제도적으로 정당화시키는 시도로 표현된다. 기독교형이상학에서는 자유로운 시장 안에서 자기 이해에 충실하려는 개인의 행위가

9_ Karl Polanyi, The Great Transformation. Politische und ökonomische Ursprünge von Gesellschaften und Wirtschaftssystemen, Frankfurt a.M. 1978(New York 1944).

10_ 이에 관해서는 1장 III, 특히 주 14를 참조할 것.

11_ 이에 관해서는 Roland Kley, Gleichheit, in: Lexikon der Wirtschaftsethik, hrsg. v. G. Enderle. u. a., Freiburg i. Br /Basel/Wien 1993, 386~393을 참조할 것.

허용된다. 기독교를 믿는 서양에서 형성된 경제 에토스가 지닌 종교적 추진력은 신에 의한 '예정조화'(라이프니츠G. W. Leibniz, 1646~1710)라는 창조신학적 관념에 기초를 두고 있다. 프랑스 경제학자 프레데리크 바스티아Frédéric Bastiat, 1801~1850는 자신의 저서 『경제적 조화Harmonies économiques』(1849)에서 이런 관념을 다음과 같은 신조로 표현했다.

> 나는 물질적 세계에 질서를 부여한 존재가 사회적 세계에도 질서를 세우길 원했다고 믿는다. 나는 그런 존재가 생명이 없는 분자들과 같이 자유로이 작동하는 것들을 결합시키고 조화로이 움직이게 한다고 믿는다. (중략) 나는 인간들이 공통의 물리적, 지성적 그리고 도덕적 수준에 꾸준히 접근하는 것은 돌이킬 수 없는 사회적 경향이라고 믿는다. 나아가 이런 수준이 지속적이고 무제한적으로 높아지리라고 믿는다. 나는 이런 경향이 방해받지 않고 자유로운 상태에 도달한다면 인류가 서서히, 그리고 평화로이 발전하리라고 믿는다.[12]

만일 사람들이 자유로운 시장을 제한 없이 작동하도록 한다면 이 자유로운 시장도 신에 의해 주어진 세계질서의 조화에 관여하게 된다. 그 이유는 다음과 같다.

12_ Frédéric Bastiat, Harmonies économiques, Œuvres complétes, Bd. VI, 3. Aufl., Paris 1855, 19. 이 문제에 관해서는 Martin Büscher, Gott und Markt-religionsgeschichtliche Wurzeln Adam Smiths und die 'EInvisible Hand' in der säkularisierten Industriegesellschaft, in: Arnold Meyer-Faje/Peter Ulrich(Hrsg.), Der andere Adam Smith, Bern/Stuttgart 1991, 123~144를 참조할 것.

신적인 법칙들이 조화로운 것이라면 그 법칙들은 자유롭게 작동할 것이다. 그러나 그렇지 않다면 그 법칙들은 그 자체로 조화로운 것이 아닐 것이다. 조화된 세계에서 하나의 오류를 발견하게 된다면 그 오류는 자유의 부족 혹은 정의의 부족과 연관된 것일 것이다.[13]

바스티아는 이와 같은 논거의 실제적인 결론을 도출한다.

우리는 부지런하고 가차 없이 개인적 행위의 영역을, 국가의(저자 첨가), 권력으로부터 자유롭게 하는 데 진력해야 한다. 이런 조건 아래에서만 우리는 자유를 얻게 되거나 조화로운 법들의 자유로운 작동 상태에 도달하게 될 것이다. 그런데 이 조화로운 법들은 신이 인류의 발전과 진보를 위해 미리 마련해놓은 것이다.[14]

여기서 자유로운 시장의 조화를 방해하는 정치적 개입을 단호히 제거하려는 경제적 자유주의가 보유하고 있는 종교적 진보관이 등장한다. 그 결과 자유로운 시장의 지배력이 지닌 엄청난 합리화의 논리가 오늘날까지 지속되고 있다. 이런 합리화의 논리는 본래 기독교, 특히 칼뱅주의에서 기원하는데 이런 사항에 관해 막스 베버는 다음과 같이 이야기하고 있다.[15]

13_ Frédéric Bastiat, Harmonies économiques, 16 이하.

14_ Frédéric Bastiat, Harmonies économiques, 18.

개신교 신자들은 경제적 합리주의를 특별히 선호하는 경향이 있었다. 반면 가톨릭교 신자들은 그렇지 않았다.

개신교 목사의 집안들에서 자본주의적 기업가들이 눈에 띄게 많이 나오게 되었다.

베버에 따르면 이런 맥락에서 종교 교육, 특히 칼뱅주의 교육을 통해 전수된 "삶의 영위를 위한 윤리적 규준"이 거론될 수 있다. 그리고 이런 윤리적 규준이 자본주의를 추동시키는 "정신적인 원동력"이 되었다.

그것은 단지 가르쳐질 수 있는 상업적 영리함이 아니다. (중략) 그것은 스스로 표현되는 에토스다.

이런 윤리가 내세우는 선한 것들은 돈을 획득하는 것, 나아가 가능한 한 욕망을 엄격히 제한하고 (중략) 돈을 목적으로 생각하고 더욱 많은 돈을 획득하는 것이다. (중략) 인간은 돈의 획득을 삶의 목적으로 받아들이게 된다. 따라서 더 이상 돈의 획득을 단순히 자신의 물질적 요구를 충족시키는 수단으로 간주하지 않게 된다.

15_ Max Weber, Die Protestantische Ethik und der Geist des Kapitalismus, 23, 26, 33, 35 이하, 175 혹은 178.

바로 이런 맥락에서 서양 근대 초기에 문화사적으로 새로운 전회가 실현되었다. 이런 전회는 물론 사물에 대한 개인의 관계가 바뀌는 것을 가리키는데 공평무사한 입장에서 보면 그것은 무의미하게 보일 수도 있다. 하지만 이런 목적과 수단의 전치 현상은 거대한 변동의 내적 핵심과 자본주의의 핵심적 동기를 결정지었다.

> 물론 실제로 매우 중요한 관점은 경제적 이윤 추구다. 청교도들은, 즉 미국의 칼뱅주의자들은(저자 첨가), 신이 자기 삶의 모든 국면에서 개입한다고 믿고 있다. 그러한 신이 그들에게 이윤을 얻을 수 있는 기회를 제공한다면 그들은 이런 기회의 제공을 신의 뜻으로 받아들일 수밖에 없다. 그리고 이 독실한 신자들은 이런 기회를 활용하면서 신의 부름에 응답해야 한다.

경제적으로 유능한 사람에게 들어오는 돈은 신의 축복으로 간주될 수 있다. 이렇게 이윤 추구를 신의 섭리의 관점에서 이해하려는 경향은 상인들을 빛나게 한다. 경제적 자유주의는 세계를 자유시장의 복음으로 선교하라는 신의 부름으로 간주되어야 한다. 경제적 자유주의는 시민들로 하여금 자신의 이기적이고 편파적인 경제적 이해관계를 신의 뜻으로 정당화하고 모든 사회적 비판에 대해 개의치 않도록 만드는 데 적절한 이론적 틀이 되었다. 이에 관해 알렉산더 뤼스토Alexander Rüstow, 1885~1963는 다음과 같이 이야기한다.

경제적으로 자기 이해에 충실한 태도가 신적인 위임에 근거하고 신의 보이지 않는 손에 의해 인도된 것이라면 그런 태도는 더 이상 인간에 의해 윤리적으로 제어되고 제한될 필요가 없을 것이다.[16]

이제 자본주의 비판은 저급한 이단 비판과 비슷한 처지로 떨어지게 되었다. 왜냐하면 자본주의 비판은 시장 메커니즘의 '보이지 않는 손'[17]이 보여주는 선한 기능을 감히 의심하는 것이기 때문이다. 이런 맥락에서 애덤 스미스는 다음과 같이 이야기한다.

우주의 거대한 시스템을 관리하는 것과 모든 이성적이고 감성적인 존재들의 보편적인 행복을 배려하는 것은 신의 일이지 인간의 일은 아니다.[18]

자유로운 시장이 하나님의 창조물이라면 더 많은 사회적 정의를

16_ Alexander Rüstow, Das Versagen des Wirtschaftsliberalismus, 3. überarb. Aufl., Marburg 2001, 93 이하.

17_ 애덤 스미스는 자신의 두 주저, 곧 『도덕감정론』(1759)과 『국부론』(1756)에서 '보이지 않는 손'이란 유명한 메타포를 각각 한 번씩 그리 대수롭지 않게 사용했다(Adam Smith, Theorie der ethischen Gefühle, Hamburg 1985, 317; Adam Smith, Der Wohlstand der Nationen, München 1978, 371). 스미스의 경우 보이지 않는 손은 중심적인 설명 모델이나 논증 모델을 구축하는 역할을 하기보다는 오히려 그의 시장 이론이 지닌 형이상학적 한계를 보여주고 있는 것이다. 그는 시장의 결과물들을 공공복리를 촉진하면서 정의롭게 분배하는 문제와 관련해서 보다 높은 차원의 힘을 끌어들이려고 했던 것이다. 따라서 스미스에게 자유로운 시장은 결코 전부가 아니었다. 이에 관해서는 Peter Ulrich, Der kritische Adam Smith-im Spannungsfeld zwischen sittlichem Gefühl und ethischer Vernunft, in: Arnold Meyer-Faje/Peter Ulrich (Hrsg.), Der andere Adam Smith. Beiträge zur Neubestimmung von Ökonomie als Politischer Ökonomie, Bern/Stuttgart 1991, 145~190을 참조할 것.

18_ Adam Smith, Theorie der ethischen Gefühle, 400.

요구하면서 자본주의적 시장경제를 비판하는 사람은 사탄임에 틀림이 없다.[19] 시장을 우상화하는 경제적 자유주의는 정치적 자유주의와 갈등을 일으킬 수 있다. 경제적 자유주의가 내세우는 시민들의 도덕적인 평등과 공적인 이성 사용에는 파토스가 결여되어 있다. 시장자유주의는 시민들의 평등한 지위를 보장해주지 않는다. 시장자유주의는 시민들에게 이런 평등한 지위가 있다는 사실을 전제할 뿐이다. 경제적 자유주의가 정치적 자유주의를 완전히 포기하지 않고 정치적이고 윤리적으로 지속 가능하길 원한다면 전자는 어떻게 해서든지 후자와의 긴장을 견뎌내야 한다.

시민의 자유와 시장의 자유 사이에 존재하는 이렇게 간단치 않은 관계에 대해서는 3장에서 상술할 것이다. 여기서는 우선 근대화의 역사에 관해 알아보기로 하자. 시장경제적 경쟁이 사회를 해체하는 결과를 초래하여 정치적으로 문제가 되었던 19세기 후반부터 경제적 자유주의가 정치적 자유주의로부터 분리되었다는 사실이 강조될 필요가 있다. 이 당시 경쟁에서 패한 사람들은 열악한 생활환경에 처하게 되었고 생존 문제로 고통 받았다. 그럼에도 경제적 자유주의자들은 다음과 같은 시장형이상학적인 신념을 고수했다.

19_ 이런 주장을 내세우는 통속적인 자유주의적 시장근본주의는 결코 애덤 스미스에 근거해 있는 것은 아니다. 그는 정반대로 정의의 우선성을 강조했다. "정의는 건물 전체를 지탱하고 있는 중심 기둥이다. 이 기둥이 제거되면 인간사회라는 거대한 건물이 한순간에 붕괴될 것임에 틀림없다."(Adam Smith, Theorie der ethischen Gefühle, 129).

어떤 상황에서도 사회 통합은 경제 영역 안에서 추구되어야 한다. 다른 통합 방식을 통해서 시장을 규제해야 할 사회적인 당위성은 존재하지 않는다.[20]

반면 진보적인 자유주의적 시민들은 모든 시민들의 평등한 지위를 보장하라는 해방적 요구를 계속 내세웠다. 이런 해방적 투쟁은 새롭게 등장한 사회 세력들, 특히 노동운동 진영과 사회민주주의 진영에 의해 수행되었다. 이들은 보수적인 세력들에 대항해서 자신들의 경제적 이익과 권리를 옹호했다.

그런데 이런 투쟁 과정에서 다음과 같은 이데올로기적 악순환이 생겨났다. 상당한 정도로 심화되는 소득과 부의 격차로 인해 보이지 않는 손의 긍정적 효과와 성장을 통한 만인의 복지라는 거짓말이 비판받으면 받을수록, 정치적 자유주의와 공공성의 포기를 공개적으로 천명하지 않는 경제적 자유주의의 공공복리 이데올로기가 더욱 필수적인 것으로 여겨진다는 사실이 그것이다. 이런 전통 아래 1980년대와 1990년대에 등장한 대처리즘과 레이거노믹스 이후 급진적 시장주의를 표방하는 신자유주의가 정치적으로 점점 더 큰 성공을 거두게 되었다. 전 세계적으로 진행되는 산업입지 경쟁에 근거한 물적 강제의 논리에 따라 경제적 합리주의(막스 베버)는 이제 정치적 경제주의로 변화되었다. 여기서 정치적 경제주의는 단순한 경제 정

20_ Alexander Rüstow, Das Versagen des Wirtschaftsliberalismus, 92.

책적 프로그램이 아닌 포괄적인 사회 정책적 프로그램을 의미한다. 이런 정치적 경제주의에서 시장원리는 최상위의 사회 조직 원리가 된다. 따라서 이 경우 더 이상 윤리적·정치적으로 규제된 시장경제가 추구되지 않고 오직 철저한 시장사회가 그 목적이 된다. 다행스럽게 아직 우리는 칼 폴라니가 내세운 '거대한 변형'의 최종 단계에까지는 도달하지 않았다. 폴라니가 서술한 다음 문장은 앞에서 언급된 정치적 경제주의의 정의로 간주될 수 있다.

> 경제는 더 이상 사회적 관계들에 의해 포섭되지 않는다. 오히려 사회적 관계들이 경제에 포섭되었다.[21]

물론 정치적 경제주의자들은 이런 현상을 문제라고 생각하지 않는다. 도리어 사회문제의 해결책으로 간주한다. 그리고 그들은 세계무역기구World Trade Organization, 이하 WTO의 차원에서 학문적 작업을 진행시키고 있다. 6장에서 언급하겠지만 WTO는 철저하게 경쟁 정책적 기능을 수행한다. 정치적 경제주의에서는 존 그레이John N. Gray, 1948~의 '거짓 약속'이 중요하게 여겨진다. 그는 런던경제대학의 교수로 급진적 시장주의인 신자유주의를 가르치다가 1980년대 초반 정치에 입문하여 마거릿 대처Margaret thatcher, 1925~수상의 최고 이론가로 일했다.

21_ Karl Polanyi, The Great Transformation, 88 이하.

III.
거짓 약속
존 그레이

존 그레이는 '거짓 약속'이란 마법에서 깨어나려고 노력한다.[22] 그는 경제의 핵심 문제를 '악화가 양화를 구축한다'는 그레셤Thomas Gresham, 1519~1579의 법칙에 유추하여 다음과 같이 서술하고 있다.

> 자유로운 세계 시장에서 우리는 아래와 같이 변형된 그레셤의 법칙을 주목해야 한다. '나쁜 형태의 자본주의가 좋은 형태의 자본주의를 구축한다'는 법칙이 그것이다.

여기서 그레이가 말하는 좋은 형태의 자본주의란 대체로 유럽 대륙의 사회적 시장경제를 가리킨다. 그에 따르면 탈규제화된 글로벌 시장이란 조건 아래서 사회적 시장경제는 경쟁력을 갖기 어렵다. 오늘날과 같이 미국식의 자유방임 원리에 근거해서 국제적 산업입지 경쟁이 가속화되는 한 사회적 시장경제는 낮은 경쟁력으로 인해 자체적으로 내세우는 사회적이고 생태적인 표준과의 조화를 저급한 수준에서 성취시킬 수밖에 없게 된다. 글로벌 경쟁이 강화되는 상황에서 모든 경제 모델이 비슷한 이윤 창출 기회를 보유하고 있다는 것은 분명히 잘못된 생각이다. 그 이유를 설명하기 위해 그레이는

22_ John Gray, Die falsche Verheiβung. Der globale Kapitalismus und seine Folgem, Berlin 1999를 참조할 것. 이어지는 인용문들은 이 책의 111, 113 이하, 114, 7쪽에서 발췌한 것이다.

서로 경쟁하는 질서 정책적 모델들 사이에 존재하는 차이점을 다음과 같이 서술하고 있다.

> 사회적 시장경제에서 기업들은 사회적 비용을 부담한다. 기업들은 자신이 활동하는 사회구조를 위태롭게 하지 않는다. 그래서 기업이 시장 안에서 활동하게 되면 그와 관련된 사회적 비용은 기업의 짐이 되어버린다. 반면 미국의 기업은 단지 적은 사회적 의무만을 지닌다. 자유무역의 상황 아래서 이 두 형태의 기업이 처한 다른 모든 조건들이 동일한 경우 임금, 부대비용 그리고 세금 부담이 적은 미국식 기업만이 존속할 수 있을 것이다.

여기서 중요한 것은 국민경제의 질서 정책들 간의 경쟁과 관련된 시장의 물적 강제 논리가 지니고 있는 당파성이다. 이 논리에 관해서는 이미 1장 Ⅳ에서 살펴본 바 있다. 그레이식으로 표현하면 이런 경쟁은 좋은 질서 정책을 희생시키면서 나쁜 질서 정책을 당파적으로 옹호한다. 여기서 '좋은'이란 단순히 경제적인 효율성을 확보한다는 의미만이 아니라 개인의 삶과 사회 전체에 봉사한다는 의미도 지닌다. 그레이에 따르면 이런 경쟁이 지닌 당파성으로 인해 다음과 같은 질서 정책적 현상이 나타난다.

> 잘 조직화된 경제 시스템들은 비용을 내부화하는 경향이 있는 반면 자유로운 세계 시장은 비용을 외부화하는 경향이 있다.

다른 한편 존 그레이는 지금까지와는 다르게 다음과 같은 칼 폴라니의 주장을 인용하면서 자신을 그와 관련시키기도 한다.

> 파국의 근본 원인은 스스로 규제되는 시장 시스템을 구축하려는 경제적 자유주의의 유토피아적 시도에 있다.

세계 경제의 무제한적 세계화를 옹호하는 이들은 항상 다음의 테제를 내세운다. 곧 세계에 무수히 존재하는 사회적, 생태적, 인간적, 개발 정책적 오류들은 자유롭지 않은 시장의 결과물이기 때문에 그것들이 더 거대한 시장을 통해 수정되어야 한다는 것이다. 하지만 다른 한편으로 시장형이상학적 공공복리라는 허구를 불신하는 비판적인 사람들도 늘어나고 있다. 물론 이들 가운데 대부분은 시애틀, 퀘벡, 제노바 등에서 열린 세계경제정상회의에 대해 반대 시위를 벌였던 반反세계화주의자들과 동일시될 수 없다. 그럼에도 분명한 사실은 이런 대립 상황에서 세계 정책을 둘러싼 투쟁의 전조를 확인할 수 있다는 점이다. 이런 맥락에서 21세기에는 자유로운 세계 시장이 정치를 지배하게 되든지 반대로 시장의 논리에 대한 정치의 우선성이 회복되든지 할 것이다.

지금 통용되고 있는 물적 강제의 논리는 이미 잘 알려진 것이다. 이 논리에 따르면 국제적인 산업입지 경쟁에서 자국의 복리를 확실하게 하기 위해서는 불가피하게 사회 정책적인 비용을 지불해야 한다. 그리고 기존의 자산이 상실될 우려가 있다는 것이다. 1990년대

중반 스위스에서 저명한 경제 지도자들과 경제학자들이 백서를 발간했는데 이 백서는 많은 논쟁을 불러일으켰다. 이 백서의 명칭은 『새로운 출발을 위한 용기Mut zum Aufbruch』인데 그 머리말에는 다음과 같은 통찰이 필요하다고 씌어 있다.

> 경쟁력은 기업가들뿐만 아니라 국가에도, 영원하고 우선적인(저자 첨가), 도전이 된다. 기존의 입장을 더 오래 고수하면 할수록 우리의 상황은 더욱 더 불안정해진다. 우리가 국제경쟁력을 보유하고 강화하기 위해서 새로운 개척정신을 필요하다. 그리고 개방, 경쟁, 혁신의 멘탤러티를 요구받는다.[23]

사람들은 자신이 더 약삭빠르고 자기의 삶을 경쟁에 유리하게 운영할 때 성공하리라는 것을 알게 되었다. 이제 그들은 진보하기 위해 더 많은 시장과 경쟁, 더 많은 능력, 더 향상된 효율성, 더 높은 경제성장을 무조건적이고 무제한적으로 수용해야 한다. 이런 이유에서 이 백서의 저자들은 우리에게 멘탤러티를 철저하게 바꾸라고 권고한다. 구체적으로 그들은 우리에게 소유관을 바꾸고 지속적으로 자신의 능력을 최대한 발휘할 것을 제안한다.

23_ David de Pury/Heinz Hauser/Beat Schmid (Hrsg.), Mut zum Aufbruch. Eine wirtschaftspolitische Agenda für die Schweiz, Zürich 1995, 10. 다음에 나오는 인용문은 이 백서의 77쪽에서 발췌한 것임.

자기만족과 방어적 태도 대신 혁신과 경쟁에 대한 각오, 그리고 능력 발휘가 강조되어야 한다.

이 백서는 세 번(10쪽, 28쪽, 77쪽)에 걸쳐 이런 멘탤러티의 혁신을 요구하고 있다. 이 백서에 따르면 경쟁정신은 머릿속 깊이 박혀 있어야 한다. 정신사적 관점에서 볼 때 이 백서만큼 혁신을 철저하게 교육하는 거대 프로그램은 존재하지 않았다고 할 수 있다.

다른 한편 신자유주의적 비전을 공유하지 않는 이들이 추구하는 진보 이념이 어떤 것인지 분명하지 않아 보인다. 이들은 너무 무식해서 오늘날 산업입지 경쟁에서 중요한 것이 무엇인지 이야기할 수 없는 것일까? 아니면 이들은 너무 게을러서 이런 경쟁적 흐름에 대해 맞서려고 하지 않는 것일까?

개별적인 상황에서 이런 문제제기는 적절한 것 같다. 그럼에도 모든 삶의 영역들과 세계 전체를 무제한적으로 경제화하려는 시도에 대해 저항해야만 하는 충분한 근거들이 존재한다. 그리고 그런 근거들에서 진보는 시민 해방을 추구하는 고도로 발달된 사회로의 진전을 의미한다. 이런 대안적인 진보 이해를 내세운 대표적인 이가 20세기의 가장 위대한 경제학자들 가운데 하나인 케인스다.

Ⅳ.
우리 자손들의 경제적 기회
케인스의 꿈

케인스의 에세이 「우리 자손들을 위한 경제적 가능성Economic Possibilities for Our Grandchildren」(1930)[24]에는 100년 뒤인 2030년경에 펼쳐질 진보된 국민경제가 구상되어 있다. 이 구상에 따르면 그때에는 높은 생산력 덕분에 재화를 생산하고 공급하는 문제가 해결되어 사회구성원들이 충분한 재화를 제공받게 될 것이다. 그리고 주당 노동 시간이 15시간으로 축소되어 삶의 수준이 이전보다 훨씬 높아지게 될 것이다. 또한 돈에 대한 사회구성원의 집착이 줄어들면서 돈이 삶의 거의 모든 것이 되는 대신 하나의 생활 수단으로 자리 잡게 될 것이다. 그 결과 자본주의는 위에서 언급한 백서의 저자들이 예고한 상태와는 반대로 종언의 단계에 다가서게 될 것이다. 그리고 경제생활은 부차적인 문제가 되기 때문에 사람들은 생존을 위해 서로 싸우는 대신 시간과 에너지를 자기 삶을 완성하는 데, 예를 들어 교육을 받고 문화적으로 자기를 실현하고 사회적 관계를 형성하는 데, 사용하게 될 것이라는 것이다.

케인스식의 이런 진보관은 매력적이고 시대에 맞고 철저하게 근대적이라고 할 수 있다. 그의 진보관은 어원상 고난의 의미를 지닌 'labour'라는 영어 단어에서 드러나는 바와 같은 부담스런 노동의

24_ John Maynard Keynes, Economic Possibilities for Our Grandchildren, in: John Maynard Keynes, The Collected Writings, Bd. IX: Essays in Persuasion, London 1972, 321~332.

강제성으로부터 인간을 지속적으로 해방시키는 것을 목적으로 한다. 그런데 이런 진보관에서 진보된 선진국들의 높은 생산성은 미래적 의미를 가지면서 미래적 척도로 기능한다. 이런 진보관이 추구하는 비전은 선진적 사상가인 앙드레 고르André Gorz, 1923~2007가 내세우는 '해방된 시간을 보유한 문화사회'로 지칭될 수 있다.[25]

이런 해방적 기획은 '풍성한 재화의 경제' 대신에 '풍성한 생명의 경제'를 지향한다. 풍성한 생명의 경제는 물론 삶의 물질적 기초를 결코 무시하지 않는다. 하지만 이런 경제는 '생활의 필요를 위한 경제'를 항구화하는 데 반대한다. 여기서 '생활의 필요를 위한 경제'란 강도 높은 노동, 생산성 제고 그리고 경제성장에 주력하면서 재화를 증가시키는 것에 최우선적인 목적을 두는 경제를 의미한다. 그런데 왜 우리는 '곤궁의 경제라는 진부한 생활 방식'[26]에 집착하는 것일까? 왜 우리는 항상 경제적으로 진보된 나라에 살면서도 넓은 의미의 생활필수품[27]을 증산하는 것을 생존하는 데 가장 긴급한 일로 간주하는 것일까? 거시경제적으로 중요한 일은 오히려 과잉 생산된 재화들을 시장에서 판매하는 것이 아닐까? 하버마스Jürgen Habermas, 1929~가 주장했듯이 문제는 다음과 같은 것이 아닐까?

25_ André Gorz, Kritik der ökonomischen Vernunft. Sinnfragen am Ende der Arbeitsgesellschaft, Berlin 1989, 136. 여기서 그는 '해방된 시간을 보유한 문화사회'에 관해 이야기한다. 이런 사회 개념과 그것이 갖는 함의에 관해서는 Ulrich, Integrative Wirtschaftsethik, 214 이하를 참조할 것.

26_ Jürgen Habermas, Technik und Wissenschaft als 'Ideologie', Frankfurt a.M. 1968, 102.

27_ 넓은 의미의 생활필수품에 관해서는 1장 I을 참조할 것.

기술의 엄청난 발전에도 불구하고 왜 개인의 삶은 여전히 직업노동의 강제, 능력 경쟁의 윤리, 지위 경쟁의 압력, 소유적 가치 그리고 전도된 만족에 의해 결정되는가? 왜 생존을 위한 제도화된 투쟁과 소외된 노동규율이 (중략) 유지되고 있는가?"[28]

원래 우리가 더 많이 소비하기 위해서 더 많은 것이 생산되어야 한다고 하는 것이 맞는 이야기이다. 하지만 오늘날 더 많은 것이 생산될 수 있기 위해서 우리는 시장의 논리에 따라 더 많이 소비해야 한다. 이것이 전도된 만족이 의미하는 바이다. 소비를 무한히 증대시키는 것이 소비주의다. 그런데 소비주의는 산업화된 노동주의의 다른 면이다. 여기서 산업화된 노동주의란 임의적이고 가치 없는 노동을 찬미하는 경향을 말한다. 소비주의와 산업화된 노동주의는 서로 분리될 수 없다. 그리고 이 둘은 이미 오래 전에 유입된 산업적 생활 방식에 속해 있다. 소비는 우리로 하여금 생활에 필요한 재화를 얻기 위한 노동 시간 이상으로 더 오랫동안 일하도록 강제한다. 이런 노동이 바로 소비노동[29]이다. 소비노동은 종종 덜 유쾌하게 상품을 조달하고, 선별하고, 손질하고, 폐기하는 작업으로 나타난다. 소비는 우리가 적극적인 활동을 통해 인간적 능력을 체험하고 시험하는

28_ Jürgen Habermas, Technik und Wissenschaft als 'Ideologie', 103.

29_ 소비노동에 관해서는 Bernward Joerges, Berufsarbeit, Konsumarbeit, Freizeit. Zur Sozial-und Umweltverträglichkeit einiger struktureller Veränderungen in Produktion und Konsum, in: Soziale Welt 32 (1981), 168~195를 참조할 것.

것을 허락하지 않는다. 소비는 우리를 수동적으로 만들고 실망시킨다. 그래서 소비는 우리가 소비 수준을 유지하기 위해 견디어야 하는 노동주의적 좌절을 결코 보상해줄 수 없다. 따라서 소비는 단지 향락적인 측면에서 인간의 삶에 기여할 수 있을 뿐이다. 이제 진보에 관한 다른 테마로 넘어가보자.

진정한 진보를 원하는 사람들은 생산력의 빠른 진보(연 1~3퍼센트 정도의 진보)를 단순한 양적 성장에 이용하는 것보다 더 의미 있게 사용하는 것에 관심을 갖는다. 재화복지 다음에 등장해야 할 복지의 형태는 증가하는 생산력을 삶에 기여하도록 만드는 시간복지다.[30] 우리는 재화복지를 극대화하면서 직장에서 과도한 부담과 강제를 감수하든지 아니면 소비 스트레스를 감내해야 한다. 이렇게 보면 재화복지가 약속하는 삶이 결코 충만한 삶은 아닌 것이다. 이런 맥락에서 우리는 '새로운 느림'[31]에 대한 빈번한 강조와 '서두름에 반대하는 생활 방식'[32]이나 '덜 일하는 기술'[33]에 대한 점점 커지는 관심을 이해할 수 있다.

물론 우리는 개별 국가들 사이에, 그리고 개별 국가들 내에서 복

30_ 이에 관해서는 Gerhard Scherhorn, Güterwohlstand vs. Zeitwohlstand, in: Bernd Biervert/Martin Held (Hrsg.), Zeit in der Ökonomik, Frankfurt a.M. 1995, 147~168을 참조할 것.

31_ 이런 개념에 관해서는 Sten Nadolny의 소설 Die Entdeckung der Langsamkeit, München 1987을 참조할 것.

32_ 이런 개념에 관해서는 Karlheinz A. Geißler, Zeit-verweile doch... Lebensformen gegen die Hast, 2. Aufl., Freiburg i. Br. 2000을 참조할 것.

33_ 이에 개념에 관해서는 Axel Braig/Ulrich Renz, Die Kunst, weniger zu arbeiten, 3. Aufl., München 2001을 참조할 것.

지의 분배가 매우 불균등하게 이루어지고 있기 때문에 '생활의 필요를 위한 경제'가 최종 목적으로 내세우는 만인의 빈곤 제거가 아직 실현되지 않았음을 잊지 말아야 한다. 오늘날 우리는 이전 세대가 왜 그렇게 노예제도와 남아프리카의 인종차별 정책을 오랫동안 지지했는지, 그리고 동물 보호에 관해 관심이 없었는지 이해하기 어렵다. 마찬가지로 아마 후세대들은 우리의 시대정신이 왜 그렇게도 빈곤 문제에 대해 민감하지 않고 연대적이지 않았는지 거의 이해할 수 없을 것이다.

여기서 다시 케인스의 꿈으로부터 비롯된 아름다운 현실에 관해 논의해보기로 하자. 케인스가 자신의 후세대를 예상하면서 가졌던 비전은 아직까지 설득력을 갖지 못하고 있다. 그동안 생존투쟁의 강도, 곧 노동시장에서 자기를 지켜내려는 노력의 정도는 거의 약화되지 않았다. 오늘날 많은 이들이 이전보다 더 강도 높고 광범위하게 노동하고 있다. 그들은 시장으로부터 '미안하지만 충분히 경쟁적이지 못하군요'라는 경고를 받아 더 이상 일할 수 없게 된 사람들에게 돌아가야 할 몫에 대해 침묵하고 있다. 케인스가 미래 경제를 예측한 1930년 이래로 빠른 속도로 생산력이 증대되고 경제가 성장했지만 '해방된 시간을 보유한 문화사회'가 실현될 가능성은 거의 없어 보인다. 그렇다면 케인스처럼 뛰어난 학자가 왜 잘못된 예측을 하게 된 것일까?

그 이유는 케인스가 경쟁이 무엇인지 제대로 이해하지 못했다는 데 있다. 그는 시장의 논리에 따라 행동하고 살아가는 이들에게 제공되는 시장의 당파성에 주목하지 못했다. 이는 그가 세계화와 그것의 중심적 효과, 곧 시장에 대한 정치의 우위성이 제거되고 있음을 미리 내다보지 못했기 때문이다.

케인스는 정부 정책이 생산성의 증가를 보장해줄 수 있고, 나아가 이런 보장이 매우 정당하다고 생각했다. 오로지 정책을 통해서만 이전과는 다른 방식으로 생산성을 증가시킬 수 있다는 것이다. 그리고 '곤궁의 경제'에서 벗어나는 것은 생산성 증가와 경제성장의 자연스러운 결과가 아니라 의식적이고 정의로운 사회적 활용의 결과물이라는 것이다. 이렇게 보면 그는 시장경제를 윤리적이고 정책적으로 형성하는 길만이 우리를 '곤궁의 경제'에서 건져낼 수 있다는 신념을 품고 있었다고 할 수 있다.

V.
승리한 자본주의의 철창
막스 베버의 우려

스위스에서건 아니면 저개발되었다기보다는 잘못 개발된 제3세계 국가들에서건 자유주의는 단지 정치적 자유주의로서만 자신의 해방적 진보 프로그램을 수행할 수 있다. 어느 사회에서도 순수한 경제적 자유주의의 프로그램은 하버마스가 말한 '곤궁의 경제라는 진부한 생활 방식'을 극복하는 데 거의 기여하지 못한다. 왜냐하면 1장 Ⅳ에서 언급된 바와 같이 지속적인 규제 완화와 경쟁 강화를 통해 형성된 자유로운 시장은 자기 이해를 관철시키려는 경제주체들에게 하나의 물적 강제로 다가오기 때문이다. 이런 맥락에서 역사적 합리화 과정과 근대화 과정을 분석한 대사상가인 막스 베버는 다음과 같이 이야기한다.

> 오늘날의 자본주의적 경제질서는 (중략) 시장과 연결되어 있는 개인에게 경제적 행동의 규범들을 강제한다. 이런 규범들에 적응하려 하지 않거나 적응할 수 없는 노동자가 일자리를 잃고 길거리로 쫓겨나게 되는 것과 마찬가지로 그것들을 준수하지 않는 공장 주인도 자신의 분야에서 도태되고 만다.[34]

이를 다르게 표현하면 시장에는 개인을 성공으로 몰아가려는 구

34_ Max Weber, Die Protestantische Ethik und der Geist des Kapitalismus, 37. 다음에 이어지는 인용문은 56쪽에서 발췌한 것이다.

조적 강제가 존재한다고 할 수 있다.

> 생활하면서 자본주의적 성공 조건에 적응하지 않는 사람은 몰락하거나 출세하지 못하게 될 것이다.

시장은 경제주체들로 하여금 "계산적인 생활 방식"[35]을 지니도록 유도한다. 이와 관련해서 신자유주의적인 백서 『새로운 출발을 위한 용기』를 저술한 다비드 드 퓌리David de Pury, 1943~2000는 마르크스주의를 연상시키는 다음과 같은 논리를 구사하고 있다.

> 최고가 되고자 하는 목적은 있어야 한다. (중략) 모두가 목적을 달성할 수는 없다. 그러나 모두가 목적을 달성하고자 시도할 수는 있다.[36]

여기서 소망과 당위는 동일시되고 있다. 자유주의적 사고를 대변하는 이런 신조에 눈에 띄는 무엇이 있는가? 이미 막스 베버는 그것을 선취先取하고 그것의 위협적인 결과들을 분명히 파악했다.

35_ Ulrich Thielemann, Globale Konkurrenz, Sozialstandards und der(Sach-)Zwang zum Unternehmertum, in: Thomas Maak/York Lunau(Hrsg.), Weltwirtschaft. Globalisierung auf dem Prüfstand der Lebensdienlichkeit, 2. Aufl., Bern/Stuttgart/Wien 2000, 203~204, 237. 그런데 이런 교육 효과는 Max Weber, Die Protestantische Ethik und der Geist des Kapitalismus, 370에 이미 언급되어 있다.

36_ David de Pury und wie er auf die Welt sieht, Interview im Züricher Tages-Anzeiger, 2. Februar 1996, 7.

청교도들은 직업인이 되길 원했다. 따라서 우리도 직업인이 되어야 한다. 왜냐하면 수도원에서 빠져나온 금욕은 직업생활로 변역되고 세계 내적인 도덕을 지배하게 되면서 (중략) 근대적인 (중략)경제질서라는 강력한 우주를 구축하는 데 도움을 주었다. 이 우주는 엄청난 강제력을 가지면서 그곳에 태어난 모든 사람들의 삶의 스타일을 지배하고, 나아가 마지막 남은 100파운드의 화석연료가 다 타버릴 때까지 지배할 것이다.[37]

베버는 "세계의 재화들이 인간에 대해 역사상 유례가 없을 정도로 강력하고 불가피하게 행사되는 권력"을 획득하게 되면서 "승리한 자본주의" 안에서 새로운 "예속"의 "철창"이 등장하는 것을 목격했다. 그런데 이런 권력의 획득은 "세계가 하나의 (중략) 의미 있는 지향성을 지닌 우주여야 한다는 윤리적 요청"[38]이 더 이상 언급될 필요가 없을 때까지 지속된다. 이런 최후의 단계에 완전한 시장사회가 수립되는데 이런 사회에서 자유의 이념은 덜 중요하게 된다.

비관적인 베버와 낙관적인 케인스 중에 누가 최종적으로 더 뛰어난 사회경제학자로 남을 것인가? 역사와 이 물음은 모두 열려 있다.

37_ Max Weber, Die Protestantische Ethik und der Geist des Kapitalismus, 203. 다음에 이어지는 표현들은 203쪽 이하에서 발췌한 것이다.

38_ Max Weber, Die Wirtschaftsethik der Weltreligionen, in: Max Weber, Gesammelte Aufsätze zur Religionssoziologie I, 9. Aufl., Tübingen 1988, 564. 물론 베버는 관료주의화 경향과 관련해서 "미래에 인간들이 무기력하게 따르도록 강요당하게 될 예속의 집"을 언급한 것이다. 이에 관해서는 1988, Max Weber, Wirtschaft und Gesellschaft, 5. Aufl., Tübingen 1972, 835를 참조할 것.

역사가 어떻게 전개될 것인가는 예언적이고 이론적인 문제가 아니라 실천적인 문제이다. 과연 우리는 자신에게 주어진 생산 수단들을 가지고 실천적인 영역에서 이성적인 것을 구체화할 수 있는 정치적 의지를 발휘할 능력을 가지고 있는가? 아니면 가지고 있지 않은가? 어떻게 하면 일차원적이 되어버린 경제적 합리화 대신에 윤리적이고 정치적으로 성찰된 근대화를 구현할 수 있을까? 의미와 정의 문제에 무관심한 채 생활필수품을 증대시키는 것에만 주력하는 근대화가 아니라 가능한 한 모든 사람들을 자유롭게 하고 그들로 하여금 바람직한 삶에 대한 나름의 구상을 실천하게 해주는 근대화를 구체화하기 위한 전제조건들은 무엇인가? 물론 이런 구상은 물질적 소비를 목적으로 할 수도 있고 비물질적 가치들을 지향할 수도 있을 것이다.

이런 문제들을 해명하는 것은 자유의 개념, 그리고 분명히 높은 수준을 요구하는 사회상에 대한 심도 깊은 정치철학적 연구를 필요로 한다. 이런 연구의 성과에 관해서는 다음 장에서 살펴보기로 하자.

3

시장의 자유냐 아니면 시민의 자유냐?

우리가 추구하는 자유

우리는 이성, 자유, 진보가 근대 사회를 형성한 가장 위대한 계몽주의적 개념이라는 사실을 기억해야 한다. 자신을 자유주의자라고 이해했던 시민 계급은 대부분 자신이 근대 사회의 기수旗手라고 생각했다. 그러나 여기서 자유란 어떤 자유를 의미하는 것인가? 이 장에서는 과거의 정신사적 관점을 넘어 정치철학적인 측면에서 자유주의를 조망하면서 시민적 경제 에토스의 핵심을 살펴보고자 한다.

먼저 우리는 자유주의 원칙의 본질에 관해 논의할 것이다(Ⅰ). 이를 통해 진정으로 자유로운 사회는 자유로운 시장으로 축소될 수 없는 고도의 정치적 프로젝트라는 사실이 드러날 것이다. 자유주의 개념은 크게 두 가지로 구분될 수 있다. 경제적 자유주의와 정치적 자유주의가 그것이다. 이 가운데 철학적인 내실을 갖추고 있는 것은 물론 정치적 자유주의다. 이어서 우리는 순수한 시장자유주의를 철저하게 경제주의적으로 축소한 경제 형태에 관해 알아볼 것이다

(Ⅱ). 그리고 몇 가지 이유에서 공화주의적 자유주의로 규정될 수 있는 모델을 경제적인 자유주의와 대비해서 서술할 것이다(Ⅲ). 그런 다음 모든 시민을 위한 자유가 살아 있는 바람직한 사회를 이루기 위한 사회경제적 전제조건들에 대해 논의할 것이다(Ⅳ). 마지막으로 이런 논의로부터 어떤 경제윤리적 결과들이 도출될 것인지를 묻고 그 대답으로 새로운 경제시민권의 필요성을 제시할 것이다(Ⅴ).

I.
자유주의의 원칙

거의 모든 사람들이 자신을 자유주의자로 규정한다. 이런 맥락에서 우리는 자유주의를 근대의 핵심 개념과 관련시키게 된다. 여기서 말하는 핵심 개념이란 정신적인 개방성, 자율성, 독립성을 가리킨다. 다르게 표현하면 그것은 내적(정신적)이고 외적(사회적)인 자유를 의미한다. 진지한 경제철학인 동시에 사회철학으로서의 자유주의는 무엇보다도 먼저 개인적 자유의 외적인 조건들, 곧 사회적이고 정치적인 조건들에 관해 질문한다. 자유주의에서는 보편적 자유, 곧 만인의 원칙적으로 평등하고 살아 있는 자유가 문제가 된다. 경제적으로 표현하면 자유는 귀중한 공공재라고 할 수 있다.

이런 철학적인 자유 개념은 통속적인 사이비 자유주의와 관련이 없다. 이런 사이비 자유주의는 무엇을 할 수 있고 시킬 수 있는 무조건이고 무제한적인 권리를 강조한다. 그러나 이런 권리는 진정한 자유가 아닌 자의적 자유일 뿐이다. 이런 자의적 자유는 약자에 대한 배려 없이 자신의 이해관계를 관철시키는 강자의 권리로 귀착될 수 있다. 그 결과 생겨나는 것은 자유로운 사회가 아니다. 그것은 무정부 상태, 곧 순수한 시장원리가 지배하고 사회적 약자들이 좌절 가운데 있는 무법 상태인 것이다. 이는 한 닭장 안에 있는 여우와 암탉 사이에 형식적으로 존재하는 평등한 자유가 실제적으로는 불평등한 자유로 귀착될 수밖에 없는 경우에 비유될 수 있다.

반면 제대로 이해된 자유주의의 원칙은 만인의 자유를 보편적으로 요구한다. 따라서 한 사람의 자유는 다른 사람에게 그와 동등한 자유를 보장하기 위해 한계가 지어진다. 그런데 이런 보편적 자유는 우연적으로 혹은 자체적으로 생기지 않고 정치적으로 형성된다. 다시 말해서 그것은 민주적으로 인정된 자유 헌법에 근거하는 것이다. 따라서 보편적 자유는 무정부적인 권력 원칙이 아닌 법적인 원칙에 기초해 있다고 할 수 있다. 이런 사실로부터 제대로 이해된 자유주의 사회가 지닌 몇 가지 특징들이 도출된다.

첫째, 자유로운 개인은 시민권에 의해 사회의 자유로운 시민이 된다. 마셜Thomas H. Marshall, 1893~1981의 고전적인 삼분법[1]에 따르면 이런 시민권은 공민권civil rights, 참정권political rights 그리고 사회권social rights으로 나뉠 수 있다 6. 역사적으로 기본권의 세 세대들이라고 할 수 있는 이들 세 원리 사이에 존재하는 내적인 연관성에 관해 하나씩 살펴보기로 하자.

둘째, 자유주의적 공민권의 핵심은 개인이 인간적인 존엄성, 육체적이고 정신적인 고결성(고문 금지와 연관됨), 세계관의 보유, 그리고

6 시민권의 범주들

시민권의 범주	도덕적 평등의 차원	질서 지어진 사회의 차원
공민권 자유권, 방어권, 소유권	개인적 자율성과 자기결정적인 문화적 소유권	자유주의적 법치국가
참정권 정치적 참여권	국가에의 정치적 참여	민주주의
사회권 사회경제적 생존권 및 참여권	사회경제적 생존 기반 및 생활 조건 (실제적 자유)	사회국가

자기 결정적인 삶을 영위하고 자기 삶을 스스로 설계할 수 있는 요구(종교, 언론, 행동, 경영의 자유)를 관철시키는 과정에서 불가침적인 권리를 갖는다는 데 있다.

셋째, 자기 삶의 설계를 실현할 수 있는 자유는 다른 사람들의 동등한 자유를 침범해서는 안 된다. 이런 의미에서 좋은 삶에 대한 개인의 구상보다 모든 이들의 동등한 권리가 우선시된다. 다르게 표현하면 자유로운 사회의 모든 시민들은 근본적이고 무조건적인 자유를 동등하게 부여받는다고 할 수 있다. 왜냐하면 2장 Ⅱ에서 살펴본 바와 같이 인간과 시민으로서의 그들의 신분과 관련해서 도덕적인 평등은 그들 모두에게 적용되기 때문이다. 그러므로 그들은 인종적, 문화적, 사회적 차원에서 차별받아서는 안 된다(차별금지법).

넷째, 자유로운 사회는 자유롭고 평등한 권리를 가진 시민들이 가문, 사회적 지위, 경제적 권력, 종교, 세계관 등과 상관없이 서로를 인정하는 데서 성립된다. 그들은 자유롭고 평등한 시민으로서 서로를 존중해야 한다. 정치적 자유주의를 내세운 존 롤스John Rawls, 1921~2002가 수차례 강조한 바와 같이 자유로운 사회는 도덕적인 개인들을 전제한다.[2] 도덕적인 개인들은 모든 시민들의 동등한 기본권을 논증하고 국가, 곧 자유로운 시민들의 정의로운 삶을 공적으로 보장

1_ 이런 삼분법에 관해서는 Thomas H. Marshall, Bürgerrechte und soziale Klassen, Frankfurt/New York 1992(London 1950), 40 이하를 참조할 것.

2_ 이에 관해서는 John Rawls, Die Idee des politischen Liberalismus, Frankfurt a.M. 1992, 119 이하, 그리고 John Rawls, Politischer Liberalismus, Frankfurt a.M. 1998, 97 이하, 119 이하를 참조할 것.

하는 체계에 대한 책임을 감당할 수 있는 정의감을 지녀야 한다. 책임적인 시민 없이 자유로운 국가는 형성될 수 없다.

다섯째, 자유로운 사회의 정치적 질서는 원칙적으로 (롤스가 칸트에 기대어 제시한) '공적 이성'을 사용하는 시민들에 의한 정당화에 기초한다.[3] 그래서 민주적인 헌법은 자유주의적 질서를 구성하는 토대가 된다. 여기서 공적 이성의 사용이란 민주적으로 의견을 형성하는 윤리적 개념을 지칭한다. 이 개념은 요즘 이야기되는 심의정치로도 규정될 수 있다. 이에 관해서는 4장 V에서 상술할 것이다.

여섯째, 자유로운 시민들의 '질서 지어진 사회'(롤스)에서 정치질서와 국가는 시민들의 다양한 세계관 및 생활 방식과 관련해서 중립적이어야 한다. 그럴 때 다른 세계관을 가진 이들이 서로 조화할 수 있고 모든 이들이 평등한 자유를 존중받을 수 있다. 자유주의적 국가는 이런 질서를 깨뜨리려는 세력들에 대항하면서 자유로이 선택된 세계관들과 생활 방식들이 인정되는 다원주의를 정착시켜야 한다.

일곱째, 법치국가는 강한 권력을 가지고 자신의 특수한 이해관계를 관철시키려는 세력에 대항하면서 만인의 평등한 자유를 보장해야 한다. 따라서 제대로 이해된 자유주의, 곧 정치적 자유주의는 자유방임주의와 아무런 상관이 없다. 오히려 그것은 강한 공적 질서를 전제한다. 이렇게 볼 때 정치적 자유주의는 만인의 평등한 자유를 확립하기 위해 요구되는 최소한의 국가적 강제를 정당화하는 프로

3_ 이에 관해서는 John Rawls, Politischer Liberalismus, 312 이하를 참조할 것.

7 공화주의적 자유주의와 경제적 자유주의

	경제적 자유주의신자유주의의 모델	공화주의적 자유주의의 모델
인간 이해	사회 이전의 존재로서의 인간 사회적인 문제에 무관심하면서 자기 이익을 최대화하려는 존재–"나는 계산한다. 고로 존재한다."(토머스 홉스) ↓ 조건적인 상호적 이해 추구 ↓	사회적 존재로서의 인간 정당성과 자아에 관심을 갖는 존재–"나는 동감한다. 고로 나는 존재한다."(애덤 스미스) ↓ 무조건적인 상호적 존중과 인정 ↓
자유 개념	주로 소극적인 의미의 자유 다른 사람의 요구에 대한 개인적 자율의 불가침성 강조–방어권 ↓	주로 적극적인 의미의 자유 성숙한 시민들에 의한 공적 이성의 사용–참여권 ↓
시민 이해	유산 시민부르주아 "나는 개인 재산을 소유한다. 고로 나는 존재한다."	국가 시민시트와앵 "나는 국가에 참여한다. 고로 나는 존재한다."
사회화의 방식	이익 교환 권력과 이해관계에 근거 ↓ 시장관계로서의 사회	평등하고 보편적인 시민권 정의에 근거 ↓ 법적이고 연대적 관계로서의 사회
경제 질서	자유로운 시장경제 무제한적이고 무제약적인 경제 ↓ 철저한 시장사회	사회적 시장경제 사회에 착근된 경제 ↓ 삶에 봉사하는 시장경제

그램이라고 할 수 있다.[4]

이런 보편적인 시민의 자유라는 개념은 무제약적인 시장의 자유라는 이념과 조화될 수 없다. 양자 사이에는 작은 차이가 존재하는

4_ 이에 관해서는 Ulrich Steinvorth, Gleiche Freiheit. Politische Philosophie und Verteilungsgerechtigkeit, Berlin 1999, 40을 참조할 것.

것처럼 보이지만 양자의 결과들 간에는 커다란 차이가 존재한다. 이제 우리는 경제적 자유주의와 내가 공화주의적 자유주의로 규정하는 반대 모델을 인간 이해와 사회 이해의 측면에서 비교해보기로 하자. 정치철학적으로 계몽된 자유주의와 경제적 강자를 위한 경제적 자유주의 사이에는 상아탑에서 볼 수 있는 추상적인 개념적 차이뿐만 아니라 체계적인 분리선도 존재한다. 그런데 경제적 자유주의는 애덤 스미스의 사상이 아닌 토머스 홉스Thomas Hobbes, 1588~1679의 사상에 근거해서 전개되고 있다. 앞으로 살펴볼 것이지만 스미스는 공화주의적 자유주의를 주창했다. 앞의 표는 경제적 자유주의와 공화주의적 자유주의를 개괄적으로 비교하고 있다[7].

II.
경제적 자유주의 혹은 오래된 홉스적인 꿈

영국의 철학자 토머스 홉스는 자기 이익 외에 다른 어떤 것도 추구하지 않는 존재라는 인간 이해에 기초해서 자유주의적 사회를 근거 지은 최초의 학자였다. 홉스가 말한 이런 존재는 경제적 인간homo oeconomicus이라고 불린다. 경제적 인간이란 자기 이익을 극대화시키려는 계산적 합리성만을 보유한 영리하고 재능 있는 사람을 가리킨다. 그가 내세우는 삶의 표어는 "나는 생각한다, 고로 나는 존재한다cogito ergo sum"는 데카르트René Descartes, 1596~1650의 명제를 약간 변형시킨 "나는 계산한다, 고로 나는 존재한다"이다. 여기서 주의해야 할 점은 홉스에게 "이성은 (중략), 자기 이해에 충실한(저자 첨가), 계산 외의 다른 것이 아니다"[5]는 사실이다.

경제적 인간들은 자기 이익을 최대화하려는 존재로서 사회적인 문제에 무관심한 경향을 지닌다. 그들은 다른 이들을 자발적으로 배려하지 않고 윤리적으로 자기 한계를 설정하려고 하지 않는다. 그들의 꿈, 곧 홉스적인 꿈은 냉정하게 기능하는 "이기주의적 질서 체계"[6]로서의 자유로운 사회를 사고하고 근거 짓는 것이다. 이런 질서 체계는 시민들의 노력과 상관없이 자체적으로 공공의 복리를 만들어내고 시민들로 하여금 도덕적 요구로부터 철저하게 벗어나도록 해준

5_ Thomas Hobbes, Leviathan (1651), Frankfurt a.M. 1984, 32.

6_ 이에 개념에 관해서는 Jürgen Habermas, Faktizität und Geltung. Beiträge zur Diskurstheorie des Rechts und des demokratischen Rechtsstaats, Frankfurt a.M. 1992, 119를 참조할 것.

다. 이런 극단적인 규범적 개인주의를 정당화시키는 것이 경제적 자유주의의 과제이며 기독교 자연법으로 치장한 허구적인 시장형이상학적 공공복리론의 과제인 것이다.[7]

시민들을 도덕적 요구로부터 자유롭게 해주는 기능은 두 가지 입장에서 설명할 수 있다. 먼저 구자유주의의 입장에서는 자유로운 시장의 보이지 않는 손이 직접적으로 이런 기능을 수행한다고 주장한다. 반면 신자유주의의 입장에서는 국가의 공공적인 손에 의해 형성된 시장의 테두리질서가 간접적으로 이런 기능을 감당한다고 강조한다(이 두 입장에 관해서는 6장에서 본격적으로 다룰 것이다). 경제적 자유주의의 이런 두 형태에서는 주어진 법적 테두리 안에서 개인의 목적을 추구하기 위해 개인주의적 자유를 내세우거나 아니면 효율성을 보장할 수 있는 특정한 시장의 테두리질서를 포함하는 자유를 제시한다.

이 두 가지 입장 뒤에는 특정한 인간 이해가 숨어 있다. 인간이 사회 이전에 존재하고 "구속되지 않은 자아"[8]인 동시에 다른 사람과의 관계까지도 자기 이해를 관철시키는 데만 이용하는 자기 이익을 최대화하려는 존재라는 인간관이 그것이다. 이런 인간 이해는 소유적

7_ 이에 관해서는 1장 Ⅳ와 2장 Ⅱ를 참조할 것.

8_ 이에 관해서는 Michael Sandel, Liberalism and the Limits of Justice, Cambridge 1982, 54 이하 그리고 Michael Sandel, Die verfahrensrechtliche Republik und das ungebundene Selbst, in: Axel Honneth (Hrsg.), Kommunitarismus. Eine Debatte über die moralischen Grundlagen moderner Gesellschaften, Frankfurt/New York 1993, 18~35, 특히 24 이하를 참조할 것.

개인주의(나는 자산을 가지고 있다, 고로 나는 존재한다)로 규정될 수 있다. 이런 소유적 개인주의는 크로퍼드 맥퍼슨Crawford B. Macpherson, 1911~1987이 1962년에 저술한 책 『소유적 개인주의에 관한 정치 이론The Political Theory of Possessive Individualism』에서 유형화한 바 있다. 그는 자신이 1980년대부터 신자유주의, 곧 시장급진주의로 지칭된 증후군을 20년 먼저 내다볼 수 있었다는 사실이 믿기지 않을 것이다. 이제 그의 책으로부터 중요한 두 부분을 발췌해서 이를 연결시켜보기로 하자.

> 사회는 자산 소유가들 사이의 교환관계로 구성된다. 국가는 자산을 보호하고 교환관계의 질서를 확립하기 위해 고안된 수단이다. (중략) 상품의 교환은 시장의 가격 메커니즘을 통해 인간관계로 스며들어간다. 왜냐하면 이런 시장체제에서 인간의 힘이나 에너지를 포함한 모든 소유물이 상품이기 때문이다. 생활비를 벌려는 노력은 모든 개인들을 결합시킨다. 이때 개인들은 시장에 내다 팔 수 있는 상품의 소유자들인데 그들의 능력은 이런 상품으로만 표현된다. 모든 이들은 다른 사람들과 끊임없이 경쟁하면서 상품을 시장에 내놓아야 한다.[9]

모든 사람은 자기 노동력의 운영자이다. 이 대목에서 우리는 경제 정책과 사회 정책을 철저하게 개인주의적으로 제한하는 사회철학이

9_ Crawford B. Macpherson, Die politische Theorie des Besitzindividualismus. Von Hobbes bis Locke, 2. Aufl., Frankfurt a.M. 1980, 15, 70.

지니고 있는 핵심 규범과 동인을 확인할 수 있다.[10] 이런 시장사회를 특징짓는 홉스의 시도와, 인간의 존엄성과 성과의 가격을 구분한 칸트의 시도를 비교해보는 것도 도움이 될 것이다.

> 목적의, 즉 목적 지향적 행위의(저자 첨가), 왕국에서는 모든 것이 가격 아니면 존엄성을 갖는다. 가격을 갖는 것은 자기 대신에 다른 것을 등가물로 둘 수 있다. 반면 가격 너머에 있는 것은 어떤 등가물이 아니라 존엄성을 갖는다.[11]

여기서 칸트는 시장원칙과 도덕원칙 간의 근본적 차이를 지적하고 있다. 그런데 시장논리에 대한 정치윤리의 우선성은 이런 차이에 근거한다. 시장원칙과 도덕원칙은 사회적 공간에서 이루어지는 합리적 행동의 두 가지 규범논리와 관계된다. 조건적 상호 이익 교환의 규범적인 논리, 곧 경제적 합리성은 경제적인 시장원칙에 상응한다. 반면 인간적 존엄성과 불가침적 기본권에 있어서 개인들 간의 무조건적 상호 인정, 곧 상호 인간성의 규범논리는 이성윤리적인 도덕원칙과 부합한다 8 .[12]

10_ 오늘날의 주류 경제학이 취하고 있는 이른바 '방법론적 개인주의'에는 항상 이런 근대 초기의 규범적 개인주의가 숨어 있다. 따라서 소위 순수경제학이란 것도 하나의 규범적 경제학을 그 배경으로 하고 있다. 그런데 이런 순수경제학은 단지 관념적이고 이론적인 차원에서만 순수하다고 할 수 있다. 다시 말해서 이런 순수경제학은 규범적인 소유적 개인주의와 그것의 특수한 사회관을 관념적이고 이론적인 차원에서 전개한 결과물인 것이다. 이에 관해서는 Ulrich, Integrative Wirtschaftsethik, 111 이하, 187을 참조할 것.

11_ Immanuel Kant, Grundlegung zur Metaphysik der Sitten, 68.

8 경제적 합리성 대 윤리적 이성

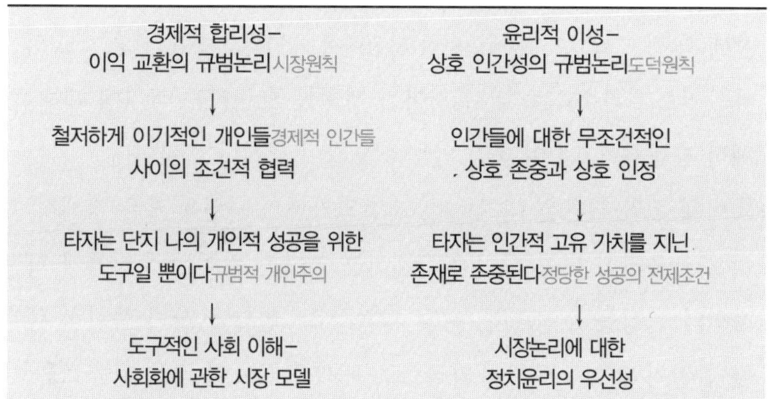

이미 언급된 바와 같이 경제적 합리성의 경우 개인들은 상대방에 대해 무관심한 경제적 인간들로서 서로 대립한다. 경제적 인간은 단지 도구적 사회 이해를 갖는다. 다시 말해서 경제적 인간은 자신의 개인적 목적에 도움이 되는 한에서만 사회적으로 상호작용을 하고 관계를 맺는다. 사회화는 시장 모델, 곧 상호 이익 교환의 규범논리에 따라 이루어진다. 정치는 다른 수단을 가지고 영리활동을 지속하는 것으로 이해된다. (이런 정치 이해는 실리적 정치만을 염두에 둔 것이다.) 서로를 존중해주고 상대방의 도덕적 권리를 인정하는 인간들 사이에 존재하는 사회적 연관관계는 경제적으로 축소된 이런 사회관 내에서는 결코 고려되지 않는다. 기존의 권력관계도 정의원칙의 관점에서 문제시되지 않는다. 오히려 모든 사회적인 것은 무조건적인

12_ 이에 관해서는 Ulrich, Integrative Wirtschaftsethik, 23을 참조할 것.

개인의 자유를 외적으로 제한하는 것으로 이해된다. 여기서 사회 정책에 대해, 그리고 (경제주의적 관점에서 개인의 자유를 상당 정도 위협하는 것으로 간주되는) 질서 지어진 사회를 보증하는 국가에 대해 경제적 자유주의자들이 품고 있는 혐오감이 생겨나는 것이다.

이제 중간 결론을 내려보자. 시장원칙과 도덕원칙 혹은 경제적 합리성과 윤리적 이성 사이에 존재하는 커다란 차이는 우리에게 시장사회의 특성을 보여준다. 시장사회에서는 인간들 간의 사회적 관계들이 정치적으로 혹은 윤리적으로 문제를 일으킬 경우 자유로운 시장이 이런 사회적 관계들을 규제하게 된다. 그러나 자유롭고 평등한 시민들로 구성된 근대적 사회는 단순한 시장관계가 아닌 윤리적 내용을 갖춘 법적이고 연대적인 관계로 이루어져 있다. 이런 의미에서 정치철학적이고 경제윤리적인 자유 개념은 근대적인 정치적 자유주의에서 처음으로 제시되었다고 할 수 있다. 이런 정치적 자유주의는 자유로운 시장이 아닌 자유로운 시민, 보다 정확히 말하면 모든 시민이 실제로 지니는 평등한 자유를 지향한다. 롤스적 형태의 정치적 자유주의가 경제적 자유주의와의 경계를 보다 확실하게 긋지 않기 때문에 나는 여기서 이에 관해 상술하고 싶지 않다.[13] 대신 공화주의적 자유주의에 관해 살펴보려고 한다.

13_ 롤스의 정의 개념을 알고 있는 이들을 위해 이 문제에 관한 내 해명을 덧붙일 필요가 있다. 내가 보기에 롤스는 차등의 원칙을 내세우는 단계에서 정의를 이익 교환의 논리로 축소시키고 있다. 또한 그는 기본 재화와 기본 권리를 분명하게 구분하고 있지 않다. 이런 두 가지 문제점들은 그가 경제적 자유주의로부터 경제적 합리성 개념과 사회계약론적 사회 개념을 넘겨받았기 때문에 생겨난 것이라고 판단된다. 이에 개념에 관해서는 Peter Ulrich, Integrative Wirtschaftsethik, 253을 참조할 것.

III. 공화주의적 자유주의 혹은 완전히 실현된 시민사회

경제주의를 비판하는 계몽적 자유주의 진영이 공화주의적 자유주의라는 익숙하지 않은 개념을 표현하는 데 공화주의적인 것과 윤리적인 것을 결합하는 작업이 필수적이다. 여기서 공화주의적 자유주의와 고전적 공화주의의 개념적 경계를 다룰 수는 없다. 공화주의적 자유주의, 곧 공화주의와 자유주의를 종합하려는 시도의 요점은 정치적인 자유주의적 헌법, 곧 제도윤리적 계기와 간간이 요구되는 시민의 정치적인 덕, 곧 개인윤리적인 계기 간의 변증법적 관계에 있다.[14]

공화주의적 자유주의에는 경제적 자유주의나 롤스적인 정치적 자유주의에서와는 완전히 다른 인간 이해가 제시된다. 공화주의적 자유주의에서 인간은 근본적으로 사회적 존재다. 인간의 정체성을 계발하고 삶의 질을 높이는 데 사회적 관계가 핵심적인 역할을 한다. 사회적 공동체에 대항해서가 아니라 사회적 공동체를 통해서만 보편적인 자유, 곧 만인의 평등한 자유가 사고될 수 있다. 자유는 더 이상 소극적으로 다른 사람에 대해 이기주의적인 자신을 보호하는 것

14_ 여기서 나온 개념들의 규정과 경계에 관해서는 Ulrich, Integrative Wirtschaftsethik, 293을 참조할 것. 그리고 자유민주주의적으로 재조정된 공화주의에 관해서는 Thomas Maak, Die Wirtschaft der Bürgergesellschaft, Bern/Stuttgart/Wien 1999, 160 이하를 참조할 것. 나는 공화주의와 공동체주의의 대립된 관계에 관해서는 언급하지 않을 것이다. 바로 위에서 언급된 저술들에 이런 관계에 관한 상세한 서술이 들어 있다. 경제시민윤리의 개인윤리적 계기에 관해서는 4장에서 논의할 것이다.

이 아니다. 자유는 적극적으로 국가에 참여할 수 있는 가능성을 지니는 것이다. 따라서 자유에서는 공정하고(기회가 균등하고) 정의로운(만인의 정당한 요구를 존중하는) 공존의 원칙과 규칙을 결정하는 공적인 사항이 문제가 된다. 성숙한 시민들은 자유를 사고할 때 '공적 이성의 사용'(칸트)에 근거한다. 여기서 시민의 자유와 민주주의 사이의 내적인 관계가 분명해진다.

공화주의적 자유주의는 자유로운 사회의 본질을 만인의 평등하고 불가침적인 시민권과 시민의식의 공화주화적인 윤리적 덕을 결합시키는 데서 찾는다. 공화주의적 자유주의는 시민들로 하여금 평등하고 자유로운 존재라는 것을 서로 인정하도록 자극한다. 그리고 자기 이익의 추구를 보편적인 자유의 실현 조건에 종속시키고 최소한의 연대성을 구현하려는 자세를 갖추도록 자극한다. 그런데 이런 연대성을 구현하려는 태도는 실은 도덕철학자로서의 애덤 스미스가 내세웠던 것이다(나는 동감을 느낀다, 고로 나는 존재한다). 공화주의적 의식을 갖춘 자유로운 시민들은 자신의 자유를 가치 있는 공공적인 것에 대한 참여로 이해한다. 그런데 이런 공공적인 것을 형성하는 데 성숙한 국가시민, 곧 시트와얭의 공동 참여적 자기 결정은 매우 중요하다. 이런 맥락에서 성숙한 국가시민은 국가의 좋은 질서가 구축되는 데 기여해야 한다는 책임의식을 가지고 있다.

공화주의적 자유주의는 이런 인간 이해에 상응하는 사회 이해를 지닌다. 공화주의적 자유주의에서 사회는 더 이상 시장관계로 이해되지 않고 질서 지어진 법적 관계 및 연대적 관계로 간주된다. 따라서 시장의 효율성이 아닌 사회질서의 정의가 자유로운 사회를 형성하기 위한 우선적 기준이 된다. 이제 국가는 더 이상 자유를 제한하는 주체(더 큰 자유, 더 작은 국가)로 비난받을 수 없다. 오히려 국가는 자유로운 시민들로 구성된 질서 지어진 사회를 보장해주는 주체로 간주된다. (국가가 단지 불가침적인 사유재산만을 보장해주는 주체가 아님은 물론이다.) 공화주의적 자유주의의 이상은 완전히 실현된 시민사회이다. 이런 시민사회가 구축되기 위해서는 세 가지 기본 조건이 충족되어야 한다.

첫째, 시민의 신분이 포괄적으로 보장되어야 한다. 시민 신분의 완전한 보장은 보편적 시민권을 전제한다. 그리고 시민들이 실질적인 자유와 자기 존중을 확보하면서 살아가는 데 공민권, 참정권, 사회권이 필수적인 한, 이들 세 권리도 시민의 신분을 보장하는 전제조건이 된다(이런 문제에 관해서는 3장 Ⅳ에서 논의하게 될 것이다). 정치적 자유주의와 시민사회를 연구하는 저명한 독일 사상가 랄프 다렌도르프Ralf Dahrendorf, 1929~2009는 다음과 같이 이야기한다.

> 시민의 신분은 경제적인 개념이 아니다. 그것은 경제 발전에의 기여도와 상관없는 인간의 지위다.[15]

15_ Ralf Dahrendorf, Über den Bürgerstatus, in: B. Van den Brink/W. Van Reijen (Hrsg.), Bürgergesellschaft, Recht und Demokratie, Frankfurt a.M. 1995, 29~43, 33.

둘째, 시민의식이 갖추어져야 한다. 완전히 실현된 시민사회에서 시민들은 자신의 개인적 문제와 사회적 문제를 해결하는 과정에 참여할 수 있다. 평등한 시민단체들의 살아 있는 네트워크, 곧 좁은 의미의 시민사회가 이런 참여의 인프라로 기능하고 있다. 이런 수준 높은 시민사회에서 시민들은 정의롭고 연대적인 사회적 공존을 공적으로 수립하는 데 책임감을 느끼며 개인적인 일을 이런 공적인 일로부터 분리시키지 않는다. 일반적으로 시민들을 도덕적으로 분리되지 않도록 하는 것을 '통합'이라고 부른다. 공화주의적 의식을 지닌 시민들은 자신의 개인적인 일과 영리를 추구하는 노력과 다른 모든 시민들의 평등한 자유 및 기본권을 결부시키면서 자신의 통합성을 유지한다. 이것이 공화주의적 에토스의 핵심이다(이런 에토스의 기초에 관해서는 4장에서 상술할 것이다).

셋째, 시장은 정부처럼 제어되어야 한다. 자유주의자들은 잠재적으로 리바이어던Leviathan(홉스)일 수 있는 국가는 제어되어야 한다고 주장한다. 그러나 그들은 경제적 권력(돈의 권력)이 인간의 자유를 위협할 수 있다는 생각은 거의 하지 않는다. 제대로 된 시민사회의 경우 시민들의 주권은 정당화되지 않은 모든 형태의 권력에 대해 보호받아야 한다. 따라서 공존을 위한 규칙의 공정성, 그리고 시민들, 특히 약자들의 실질적 자유 및 기회균등을 제한하기 위해 내세우는 시장의 강제적 자기 논리는 정당한 근거를 지니지 못한다. 오히려 자유로운 시민들과 자유로운 시장 가운데 전자가 우선성을 지닌다. 이에 관해 다렌도르프는 다음과 같이 이야기한다.

시민들의 권리는 시장의 권력을 넘어서고 제한하는 무조건적 권리다.[16]

이제 우리는 철저하게 자유로운 시장과 진실로 자유로운 사회 가운데 하나를 선택해야 할 것이다.

16_ Ralf Dahrendorf, Moralität, Institutionen und die Bürgergesellschaft, in: Merkur, Nr. 7 (1992), 557~568, 567 이하.

Ⅳ.
실질적인 시민적 자유의 사회경제적 전제조건 혹은 품위 있는 사회의 기초

완전히 실현된 시민사회를 내세우는 공화주의적 자유주의의 관점에서 보면 오늘날 시민적이라고 불리는 정책들은 일차원적인 것으로 평가할 수 있다. 이런 정책들은 대부분의 경우 진정한 시민사회를 결정짓는 것과 근본적인 사회경제적 변화로 인해 사회적으로 위험에 처해 있는 것을 잊어버리거나 인정하지 않는다. 개방된 시장과 강도 높은 경쟁에 찬성하는 사람도, 그가 냉소주의자가 아니라면, 경쟁의 패배자들에게 시민으로서의 신분과 그에 걸맞는 부끄럽지 않은 삶의 조건을 보장해주는 방안을 지지할 것이다. 시민들은 무조건 사회적으로 존중받고 이런 존중을 보전하기 위해 공정한 기회를 제공받을 만한 가치를 지니고 있다.

아비샤이 마갈릿Avishai Margalit, 1939~이 자신의 저서 『품위 있는 사회The Decent Society』(1996)에서 지적한 바와 같이 아직 정의롭지는 않지만 품위 있는 사회는 그 제도들과 규칙들이 어떤 구성원들도 무시하지 않는 사회다. 다시 말해서 그 제도와 규칙들이 구성원들의 존엄성, 기본권, 자기 존중을 훼손하지 않는 사회이다.[17] 롤스는 자기 존중이 자유로운 개인들에게 갖는 결정적 의미에 관해 다음과 같이 이야기한다.

17_이에 관해서는 Avishai Margalit, Politik der Würde. Über Achtung und Verachtung, Berlin 1997을 참조할 것.

자기 존중의 의미는 그것이 확실하게 자신이 가치 있는 존재라는 의식을 심어주는 데 있다. 다시 말해서 그것이, 우리가 지닌 특정한 선善 개념이 가치 있다는 확신을 구체화시키는 데 있다. 이런 자기 존중이 존재하지 않는다면 어떤 것도 수행될 가치가 없을 것이다. 또한 이런 경우 우리를 위해 어떤 것들이 가치를 지닌다고 하더라도 우리는 그것들을 수행할 의지를 갖지 못할 것이다.[18]

이런 사실로부터 지속적으로 존중받지 못한 사람들이 자신에게 남아 있었던 권리들과 선택권들조차 사용하지 않는 이유가 해명될 수 있다. 자기 존중을 불가능하게 하는 삶의 조건은 해당자로 하여금 정당한 요구를 위해 싸우지 못하도록 만든다. 자기 경멸의 핵심은 해당자에게서 자기 삶을 스스로 통제할 수 있다는 믿음을 빼앗아 버리는 데 있다.[19] 특히 사람들은, 실업자의 경우처럼 자기 능력을 통한 생존을 불가능하게 만드는 무능의 구조를 경험할 때 자기를 더욱 경멸하게 된다. 노벨상 수상자이며 대표적인 발전경제학자인 아마르티아 센Amartya Sen, 1933~이 주장하듯이 가난이나 물질적 궁핍은 "자기실현의 기회, 즉 자기 삶을 정당하게 영위할 (중략) 실질적 자유가 부족하다"[20]는 사실을 표현하는 것이다.

18_ John Rawls, Politischer Liberalismus, 437.

19_ 이에 개념에 관해서는 Siegfried Blasche, Gerechtigkeit, Mindestsicherung und Eigenverantwortung, in: Siegfried Blasche/Dietmar Döring(Hrsg.), Sozialpolitik und Gerechtigkeit, Frankfurt/New York 1998, 117~171, 특히 137을 참조할 것.

현재 유행하는 모든 개인의 자기 책임적 생존과 자유화 및 탈규제화는 천박한 자유주의의 특성을 지니고 있다. 이것들은 실질적인 자유의 구조적 전제조건이 마련되지 않는 한 매우 야비하게 비쳐질 가능성이 높다. 반면 공화주의적 자유주의의 입장에서 자기 책임은 사회적이고 법적인 전제조건이 구축된 상태에서만 요구될 수 있다. 이런 전제조건에 속하는 것은 다음의 세 가지다.

첫째, 경제적 자기주장과 자기 결정적 삶을 위한 전제조건을 원칙적으로 요구할 수 있는 시민권이다. 둘째, 가능한 한 모든 시민들에게 어렸을 때부터 교육받을 수 있는 기회를 제공하는 능력이다. 셋째, 시장이나 생활 영역에서의 기회균등과 관련된 자원 및 필수품에 대해 보편적으로 접근할 수 있는 가능성이다.

이런 전제조건들이 건강과 교육, 에너지와 교통, 그리고 주거 및 활동 공간과 같은 영역에서 인간의 기본적 생활을 보장해주는 공적인 인프라를 규정한다. 이런 영역들 외에 직업적 지식과 노하우, 그리고 자본과 신용의 영역도 중요하다. 따라서 이런 영역들에 대한 접근 가능성이 모든 사회구성원들에게 제공되어야 한다. 그런데 이 가운데 자본과 신용의 영역에 대한 접근 가능성은 전혀 실현되지 않고 있다. 은행들은 담보를 제공할 수 없는 사람을 신용불량자로 간주한다. 원칙적으로 자산이 없는 사람은 담보를 제공할 수 없는 존

20_ Amartya Sen, Ökonomie für den Menschen. Wege zur Gerechtigkeit und Solidarität in der Marktwirtschaft, München/Wien 2000, 110.

재로 간주된다. 그러나 품위 있는 사회에서는 자립적으로 영리활동을 할 수 있는 사람들에게 신용을 얻을 수 있는 기회가 제공된다. 이를 위해 자산이 없는 사람들을 위한 사회 정책적이고 개발 정책적인 금융 시스템이 구축될 필요가 있다. 실제로 방글라데시와 다른 개발도상국들에 있는 그라민 은행Grameen Bank은 이런 금융 시스템을 성공적으로 구축했다.[21]

이런 법적이고 사회적인 전제조건들은 시민들에게 실질적으로 자유로운 삶을 영위할 권한을 부여한다 9.[22]

이렇게 보면 실질적인 자유는 전제조건이 많은 문화적이고 구조

9 실질적인 시민적 자유의 전제조건

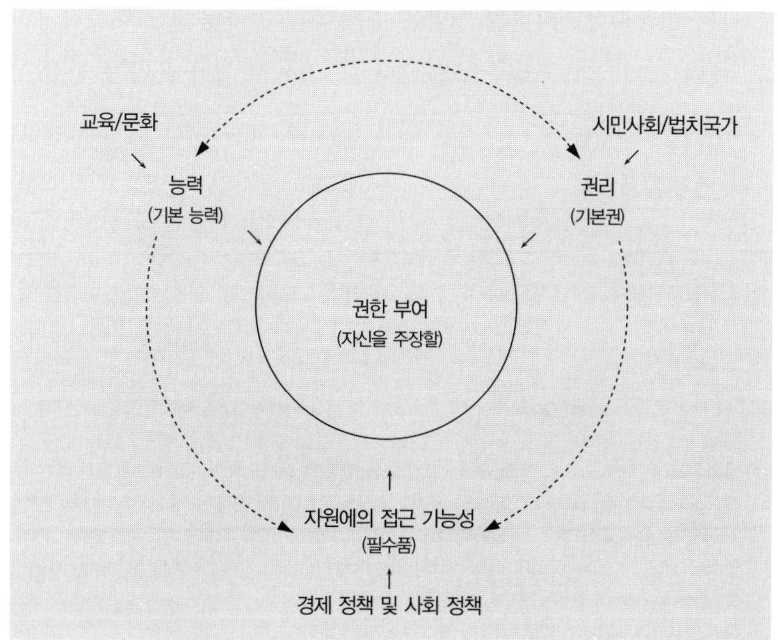

적인 성과물이라고 할 수 있다. 따라서 공화주의적인 자유주의적 정책은 시민들이 경제적으로 자기를 주장하기 위해 자신의 능력과 권한을 사용한다는 의미에서 시민적 권한 부여를 지향한다. 물론 모든 시민들 앞에는 시장 개방과 경쟁 강화라는 현실이 놓여 있다. 애덤 스미스는 폐쇄적인 국가들이 시장경제적 개방을 시도하는 과정에서 보호 조치가 필수적이라고 주장했다. 그리고 이런 보호 조치가 취해지지 않을 경우 심각한 경제적 피해가 발생할 수 있다고 경고했다.[23] 그럼에도 신자유주의적인 '시카고 보이들'은 1989년 이후 동유럽에 급진적인 자유화를 권고하면서 애덤 스미스의 경고를 거의 고려하지 않았던 것이다. 러시아의 경우에서 단적으로 드러난 바와 같이 그들의 시장지상주의적인 처방은 적지 않은 부작용을 초래했다. 이는 애덤 스미스와 공화주의적인 자유주의적 기획이 옳다는 사실을 방증한다.

유엔개발계획United Nations Development Program, UNDP의 입장을 포함해서 개발 정책의 새로운 입장들은 이런 사실을 진지하게 고려하고 있다. 이런 입장들에 따르면 제대로 된 개발은 "인간의 실질적 자유가 확

21_ 이에 관해서는 Muhammad Yunus, Grameen-eine Bank für die Armen der Welt, Bergisch Gladbach 1998을 참조할 것.

22_ 이에 관해서는 Peter Ulrich, Grundrechte und Grundfähigkeiten. Gedanken zu einem Leitbild sozio Ökonomischer Entwicklung aus der Perspektive der integrativen Wirtschaftsethik, in: Hans-Balz Peter (Hrsg.), Globalsierung, Ethik und Entwicklung, Bern/Stuttgart/Wien 1999, 55~76, 특히 64, 그리고 Peter Ulrich, Was ist gute sozio Ökonomische Entwicklung?, in: Zeitschrift für Wirtschafts-und Unternehmensethik 5 (2004), 8~22를 참조할 것.

23_ 이에 관해서는 Adam Smith, Wohlstand der Nationen, 383을 참조할 것.

대되는 과정"[24]으로 이해되어야 한다. 이런 자유 확대의 관점에서 보면 개발 정책은, 시장 개방과 경쟁 강화를 모든 부문을 최적의 상태로 만드는 최상의 방안으로 간주하는 신자유주의적 정책과 근본적으로 구별된다. 또한 개발 정책은 시민들을 무력하게 만드는 사회경제적 구조를 개혁하지 않은 채 사후의 재분배 정책을 통해 부분적으로 교정하려는 종래의 보충적 사회 정책과도 구분된다. 이런 의미에서 완전히 실현된 시민사회의 해방적 신조는 다음과 같이 정식화될 수 있다. '가난한 사람에게 자선을 베푸는 대신 모든 이에게 자기주장의 가능성을 공정하게 제공하라.'

공화주의적 자유주의의 입장은 실제로 통상적 의미에서의 우파와 좌파, 곧 시장근본주의(경제적 자유주의)와 국가간섭주의(사회국가주의)를 넘어선 '제3의 길'이라고 할 수 있다. '시장이 알아서 제대로 해줄 테니 쓸데없는 짓 하지 마라' 라는 시장급진주의적인 경제적 자

10 우파와 좌파를 넘어선 제3의 길

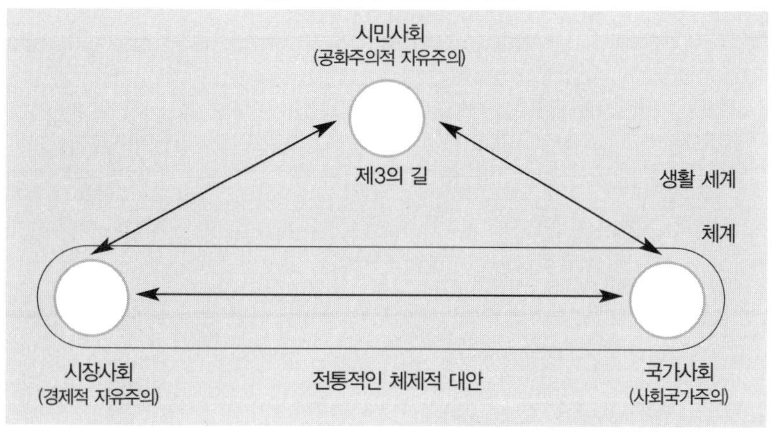

유주의의 신조는 '요람에서 무덤까지, 국가가 유일한 진리다' 라는 사회국가주의의 신조만큼이나 낡은 것이다. 그렇다고 시장에 의한 조정과 국가에 의한 조정을 타협적으로 결합시킨 단순한 체제 혼합도 적절한 입장으로 간주될 수 없다. 오히려 새로운 대안은 시민사회 안으로 이런 혼합된 경제체제를 끼워 넣는 것이다. 나아가 이런 편입을 강화시키는 것이다 10.

24_ Amartya Sen, Ökonomie für den Menschen, 13.

V. 경제윤리적 결과로서의 경제시민권

앞에서 살펴본 바와 같이 완전히 실현된 시민사회는 강한 시민권, 충분히 계발되고 확산된 시민의식 그리고 공화주의적인 자유주의적 사회질서로의 시장 세력들의 편입을 전제한다. 시민권 중의 하나인 사회권 혹은 경제시민권은 아직까지 체계적으로 발전되지 않고 있다. 경제윤리적 관점에서 볼 때 이런 경제시민권을 강화시키는 것이 무엇보다 중요하다.

그런데 구체적으로 어떤 경제시민권이 강화되어야 하는가? 이 문제는 흥미 있고 미래지향적인 물음이나 다루기 까다로운 주제가 아닐 수 없다. 따라서 여기서는 사례를 통해 이 문제에 접근해보기로 하자. 1장 Ⅱ에서 간략하게 언급한 바와 같이 노동 정책과 소득 정책은 중요한 연구 분야라고 할 수 있다. 기술의 진보와 생산성의 증가로 인해 제대로 된 일자리들이 급속도로 줄어들고 있다. 그래서 저임금 국가의 경쟁력이 강화되면서 글로벌한 차원에서의 산업입지 경쟁이 심화되고 있다. 덜 숙련된 노동자들이 제공하는 단순한 서비스의 경제적 가치가 상당한 정도로 떨어지고 있다. 따라서 그들이 제공할 수 있는 노동은 거의 수입을 올릴 수 없는 것이 되어버렸다.[25]

25_ 이에 관해서는 Horst Afheldt, Weltweiter Wohlstand für alle? Für niemand? Oder für wenige?, in: Peter Ulrich/Thomas Maak(Hrsg.), Die Wirtschaft in der Gesellschaft. Perspektiven an der Schwelle zum 3. Jahrtausend, Bern/Stuttgart/Wien 2000, 35~85, 특히 67을 참조할 것. 그리고 이 문제와 관련된 중요한 데이터와 그 분석에 관해서는 Horst Afheldt, Wirtschaft, die arm macht. Vom Sozialstaat zur gespaltenen Gesellschaft, München 2003을 참조할 것.

이는 거의 모든 나라들에서 소득 분배와 부의 분배가 극심하게 불균등해지고 있다는 사실과 노동을 하면서도 제대로 먹고살지 못하는 근로빈곤층이 확산되고 있다는 사실에서 확인될 수 있다. 많은 경제학자들은, 국제 노동시장에서 경쟁이 심화됨에 따라 경제협력개발기구Organization for Economic Cooperation and Development, 이하 OECD 국가들의 경우 가까운 미래에 노동 의욕이 있는 구성원들 가운데 약 10~15퍼센트가 기업의 요구를 제대로 만족시킬 수 없게 될 것이라고 전망한다. 그런데 그들에 따르면 이로 인해 발생되는 실업은 경기와 거의 상관없기 때문에 구조적 실업이라는 것이다.

실업이 발생하면서 사회국가의 부담이 커지고 있다. 이에 몇몇의 그룹들은 사회국가적인 지원을 실질적으로 궁핍한 이들에게 한정할 것을 주장한다.[26] 그런데 실질적으로 궁핍한 사람들을 정하는 주체는 누구인가? 단일한 항목과 관련된 심사가 해당자를 사회복지 관청에 대해 굴욕적인 청원자로 만들어버리고 그가 지닌 자유롭고 평등한 시민으로서의 신분을 훼손시키는 것은 사려 깊지 못한 행태가 아닐 수 없다. 사회국가 논쟁에서 전면에 대두되는 것은 재정 문제인데 반해 배후로 내몰리는 것은 사회 통합의 미래적 기초와 관련된 방향 설정의 문제이다. 후자에 관해서는 다음과 같은 물음이 제기된다. 자유롭고 평등한 시민들로 구성된 제대로 질서 지어진 사회라는

26 2장 III에서 언급된 David de Pury/Heinz Hauser/Beat Schmid(Hrsg.), Mut zum Aufbruch, 39, 46이 그 사례가 될 것이다.

이상을 어려운 사회경제적 여건 속에서도 시대에 맞게 계속 발전시켜야 하는가? 아니면 이런 이상을 해체시켜 "사회경찰국가"[27]라는 권위적이고 자선적인 기획으로 대체시켜야 하는가? (여기서 사회경찰국가란 사회복지 제도에 의존해 있는 시민들을 미성숙한 존재로 간주하고 다룰 수 있는 권한을 지닌 국가를 의미한다.)

우리가 품위 있는 사회라는 이념을 고수하길 원한다면 다음과 같은 물음에 답변해야 한다. 세 가지의 대안적인 경제시민권들 가운데 어떤 단일형태 혹은 어떤 혼합형태가 사회 통합의 기초로 확립되어야 하는가?

첫 번째 형태는 만인이 영리노동을 할 수 있는 경제시민권이다. 이는 개인이 노동에 대한 권리를 법적으로 거의 소송할 수 없다고 하더라도 정치로 하여금 노동의지가 있는 모든 이들을 노동시장에 통합시키도록 하는 것이다. 이때 사용될 수 있는 정책적 수단에는 다음과 같은 것이 있다. 곧 능력이 부족한 사람들을 위한 보충적이고 보호된 노동시장(제2의 노동시장[28])을 형성하는 방법, 자격을 갖추도록 조처하는 방법, 생산성 향상에 비례하여 노동 시간을 줄이는 방법[29] 등이 그것이다.

27_ 사회경찰국가에 관해서는 Joseph Huber, Zwischen Supermarkt und Sozialstaat. Die neue Abhängigkeit des Bürgers, in: Ivan Illich u.a., Entmündigung durch Experten, Hamburg 1979, 129~155, 특히 145 이하를 참조할 것.

28_ 이에 관해서는 Alexandra Wagner/Claudia Weinkopf, Zweiter Arbeitsmarkt, in: Die Neue Gesellschaft, Frankfurter Hefte 41(1994), 606~611을 참조할 것.

두 번째 형태는 만인이 영리활동과 무관한 기본 소득을 획득할 수 있는 경제시민권이다(시민소득). 이는 노동시장의 규칙이 개인의 생활 수준에 절대적인 영향을 미치지 못하게 하기 위해서 체계적인 정책을 통해 소득 분배와 노동 분배를 부분적으로 분리시키는 것이다. 이런 맥락에서 미국의 철학자 마이클 월저Michael Walzer, 1935~는 삶의 영역들 사이에, 그리고 각각의 영역에 적합한 분배 규칙들 사이에 제도적으로 "경계를 설정하는 기술"[30]을 강조했다. 물론 이런 형태의 경제시민권을 제안하는 과정에서 우리는 과연 무조건적이고 보편적인 기본 소득이 국민경제적인 측면에서 지속 가능하여 시민들의 생활을 안정화시키는 데 부분적으로 기여할 수 있는지를 검토해야 한다.[31]

세 번째 형태는 만인이 국민경제적 자본에 참여할 수 있는 경제시민권이다(시민자본). 이는 사회적으로 보편화될 수 있는 자본주의, 곧 "국민자본주의"를 정책적으로 지향하는 것이다. "자본주의가 승

29_ 이에 관해서는 André Gorz, Kritik der ökonomischen Vernunft. Sinnfragen am Ende der Arbeitsgesellschaft, Berlin 1989, 287 이하를 참조할 것. 그러나 최근 들어 고르도 무조건적이고 보편적으로 보장된 기본 소득에 대한 권리를 요구하고 있다. 이런 그의 요구에 관해서는 André Gorz, Arbeit zwischen Misere und Utopie, Frankfurt a.M. 2000, 115 이하를 참조할 것.

30_ Michael Walzer, Sphären der Gerechtigkeit. Ein Plädoyer für Pluralität und Gerechtigkeit, Frankfurt/New York 1992, 12. 이런 노동시장의 잠재적인 절대적 영향력에 관해서는 Peter Ulrich, Arbeitspolitik für alle-eine Einführung aus wirtschaftsethischer Sicht, in: Peter Ulrich/Thomas Maak/Beat Dietschy(Hrsg.), Arbeitspolitik für alle. Eine Debatte zur Zukunft der Arbeit, Bern u.a. 2000, 9~25를 참조할 것.

31_ 지금까지 만인을 위한 무조건적인 기본 소득에 대한 구상들 가운데 정치철학적인 측면에서 가장 일관되게 숙고된 것에 관해서는 Philippe van Parijs, Real Freedom for All. What (if anything) can justify capitalism?, Oxford 1995를 참조할 것.

리한다면 우리는 이런 승리의 결실에 주주들을 참여시키기 위해 그들에게 모든 것을 해주어야 한다."[32] 노동소득과 자본소득 사이에 존재하는 실질적 불균등을 개선하기 위해 모든 시민들은 원칙적으로 임금을 받는 동시에 국민경제적으로 형성된 주주가치shareholder value에 참여할 수 있어야 한다. 여기서 다음과 같은 표어가 도출된다. '이미 자본주의가 정착되었다면 그것은 만인에게 동등한 혜택을 베풀어야 한다.'

현재 경제주의적으로 축소된 신자유주의에는 이와 같이 해방적 이념을 내세우는 공화주의적 자유주의의 특성이 전혀 존재하지 않는다. 신자유주의에서 발견되는 이데올로기적 요소는 신자유주의가 시민의 자유를 시장의 자유로 축소시키면서 문명화된 시장경제의 시민적 전제조건들을 무시하는 것이다. 그러나 다행스럽게도 신자유주의는 분명 실패하고 있다. 독자들이 시민적 자유와 시장적 자유의 차이가 지닌 의미를 파악하고 이 둘 사이의 적절한 관계를 인식하게 되었다면 이 장의 목적은 상당 정도 달성된 것이라고 할 수 있다.

32_ 이에 관해서는 Georg Vobruba, Ende der Vollbeschäftigungsgesellschaft, in: Zeitschrift für Sozialreform 44 (1998), 77~99, 특히 88을 참조할 것.

02

경제윤리적 책임의 자리들

글로벌 자본시장은 우리에게 벌을 내린다. 그리고 그것은 처벌의 이유를 이미 알고 있다. **폴 크루그먼**

나는 세계화를 우리 기업이 원하는 장소와 시간에 투자하고, 원하는 지역에서 거래하고, 노동법과 사회적 타협에 근거한 규제를 지지할 수 있는 자유라고 정의하고 싶다. **페르쉬 바르네비크**

시장경제가 다는 아니다. 시장경제는 수요와 공급, 그리고 자유로운 가격과 경쟁에 근거할 수 없는 보다 상위의 전체 질서에 착근되어야 한다. **빌헬름 뢰프케**

시민들의 권리는 시장의 권력을 넘어서고 제한하는 무조건적 권리다. **랄프 다렌도르프**

2부에서는 경제윤리의 도덕적 자리들에 관해 논의할 것이다. 다시 말해서 윤리적 책임이 구체화될 수 있고 되어야만 하는 사회적 자리들에 관해 질문할 것이다. 이런 구체적 책임의 자리들을 해명하지 않는 경제윤리적 요청은 문자 그대로 유토피아적인 것이 될 것이다. (고대 그리스어에서 '유토피아'라는 단어는 '아무 데도 없는'이란 의미를 지닌다.) 2부에서는 자유로운 시민들로 구성된 제대로 질서 지어진 사회에서 경제윤리의 근본적인 담지자가 누구인지 살펴보고자 한다. 이를 위해 먼저 경제적으로 활동하는 시민 자체에 관해 알아볼 것이다(4장). 이어서 기업을 다룰 것이다(5장). 그런 다음 정책적으로 결정될 수 있고 법치국가적으로 보장될 수 있는 시장의 테두리질서에 관해 논의할 것이다. 그런데 오늘날 이런 시장의 테두리질서는 세계화된 맥락에서 접근되어야만 한다. 따라서 우리는 이런 질서윤리의 문제를 세계경제윤리의 지평에서 성찰할 것이다(6장).

4

좋은 시민이 된다는 것은 무엇인가?

경제시민윤리

시장경제적 경쟁이라는 물적 강제에 직면해 있는 투자자와 판매자 혹은 노동자와 소비자로서의 개별 경제주체에게 자기 이해에 충실한 관점 이외에 다른 관점들을 요구할 수 있는지, 그리고 할 수 있다면 어느 정도 요구할 수 있는지는 분명하지 않다. 독일어권에서는 경제윤리적인 문제를 해결하는 방식이 다른 지역보다 더 법률주의적인 경향을 보인다. 이는 독일어권의 경제윤리가 경제주체의 시민적 덕(개인윤리)보다는 시장의 법치국가적 테두리질서(제도윤리)에 더 많이 의존하고 있다는 사실을 의미한다.[1] 그러나 시민윤리와 질서윤리를 대립시키는 것은 거의 의미가 없다. 후술하겠지만 시민윤리와 질서윤리는 서로를 전제한다.

우선 경제시민 개념을 정확하게 정의할 것이다(Ⅰ). 이어서 경제생활에서 개인에게 얼마나 윤리적 책임의식을 요구할 수 있는지에 관해 숙고할 것이다(Ⅱ). 그런 다음 책임의식이 있는 경제시민의 중요한 행동 영역들에 관해 살펴볼 것이다. 이런 행동 영역들은 크게 세 가지로 나눌 수 있다. 곧 비판적으로 성찰하는 소비자와 투자자로서의 경제시민의 행동 영역(Ⅲ), 기업 조직의 구성원으로서의 경제시민의 행동 영역(Ⅳ), 경제윤리적 책임을 감당하는 국가 구성원으로서의 경제시민의 행동 영역(Ⅴ)이 그것이다.

1_ 뮌헨대학교 교수인 Karl Homann은 다음과 같은 테제를 내세운다. 곧 시장경제에서 도덕의 체계적 자리는 테두리 질서이기 때문에 일반적으로 경제주체는 도덕적인 요구로부터 자유롭게 된다는 것이다. 이런 테제에 관해서는 Karl Homann/Franz Blome-Drees, Wirtschafts-und Unternehmensethik, Göttingen 1992, 35를 참조할 것. 반면 이런 테제에 대한 비판에 관해서는 Peter Ulrich, Integrative Wirtschaftsethik als kritische Institutionenethik. Wider die normative Überhöhung der Sachzwänge des Wirtschaftssystems, in: Jean-Paul Harpes/Wolfgang Kuhlmann(Hrsg.), Zur Relevanz der Diskursethik. Anwendungsprobleme der Diskursethik in Wirtschaft und Politik, Münster 1997, 220~270; Peter Ulrich, Integrative Wirtschaftsethik, 405를 참조할 것.

I. 경제시민 개념의 기본 이해

왜 단순한 시민윤리가 아니라 경제시민윤리인가? 경제시민이라는 개념은 두 가지 특성을 지니고 있다.

첫째, 경제시민 범주는 국가시민 범주보다 더 포괄적이다. 경제시민에게 중요한 사항은 국적이 아니라 국민경제적 생산 과정에의 참여이다. 경제시민은 한 나라 안에서 노동 허가와 체류 허가를 받고 실제로 그곳에 거주하며 세금을 내는 사람이다. 따라서 경제시민이 되는 것은 국적과 무관하다. 경제시민은 모국이 아닌 다른 나라에 거주하는 경우에도 경제적 활동권과 사회적 보호권 및 참여권을 포함한 기본적 경제시민권을 보유할 수 있으나 민주적인 피선거권 및 선거권과 같은 정치적 참여권은 요구할 수 없다.[2] 하지만 권리가 있어야 의무도 있는 법이다.

둘째, 경제시민 개념은 경제주체 및 도덕적 인간으로서의 시민을 의미한다. 경제시민은 자신의 경제행위를 국가시민적 책임의식과 분리시키지 않고 전자를 후자로 통합시킨다. 이 장에서 말하는 경제시민은 3장의 경우와 같이 단순한 부르주아가 아니라 시트와얭을 의

2_ 미국 철학자 마이클 월저는 보다 급진적인 견해를 피력한다. 그는 오랜 세월 동안 일하고 거주하고 세금을 납부해온 외국인 노동자는 정치적 피선거권과 선거권까지 보유해야 한다고 주장한다. 나아가 그들에게 시민권을 획득할 수 있는 길도 열려야 한다고 강조한다. 이는 자유로운 시민들로 구성된 사회로부터 배제된 외국인들로 이루어진 카스트제도가 성립되지 못하게 하기 위함이다. "외국인들은 경제와 법의 영역뿐만 아니라 정치적 영역에도 잠재적으로 혹은 미래적으로 참여할 수 있는 가능성을 보유해야 한다. 왜냐하면 정치적 정의는 항구적으로 고립된 외국인 집단을 허용하지 않기 때문이다." Michael Walzer, Sphären der Gerechtigkeit, 98 이하.

미한다. 시트와얭으로서의 경제시민은 공화주의적 의식을 지닌 국가시민들, 곧 자유롭고 평등한 시민들로 구성된 제대로 질서 지어진 사회에서 선하고 정의롭게 공존하는 일에 책임을 가지고 참여하는 존재이다. 여기서 공화주의적 경제시민 에토스라는 통합적인 관점이 도출된다.[3]

공화주의적 경제 에토스의 핵심은 시민들의 개인적 이해관계를 무조건적이고 무분별하게 추구하는 데 있지 않다. 오히려 그것은 자유롭고 평등한 시민들로 구성된 제대로 질서 지어진 사회의 원칙과 정당성의 조건 아래서 개인적인 성공과 이익을 실현하는 데 있는 것이다. 그런데 이런 고상한 태도는 어떤 동기부여에 근거해 있는 것인가?

처음에는 역설적으로 들리겠지만 이런 고상한 태도는 개인의 자기 존중, 곧 "개인의 고유한 인격이나 입장이 가진 존엄성을 제대로 존중하는 것"[4]과 상당 정도 관련이 있다. 공화주의적 의식을 지닌 경제시민은 자기 존중을 자기 집착적인 이익 추구를 심판하는 기준으로 만든다. 바람직한 인간은 다른 시민들과 생각을 주고받는 과정에서 자신을 존중할 만한 가치가 있는 존재, 시민들의 도덕적 공동체에 속해 있는 사회적으로 통합된 존재로 인식한다. 그런데 자기 존

3_ 공화주의적인 에토스에 관해서는 3장 III을 참조할 것.

4_ Michael Walzer, Sphären der Gerechtigkeit, 390. 이런 월저의 정의는 옥스퍼드 영어사전의 그것과 일치한다. 자기 존중의 의미에 관해서는 3장 IV를 참조할 것.

중은 이런 바람직한 인간이 자기와 도덕적으로 맺는 관계에 근거한다. 따라서 자기 존중의 인식은, '과연 우리 행동의 동기가 비참여적이고 비당파적인 가상적 관찰자의 관점으로부터도 존중받을 만하고 인정받을 만한가'라는 물음에서 벗어날 수 없다. 애덤 스미스는 칸트보다 30년 먼저 최초로 도덕에 대한 이성적 관점을 인식하고 이런 관점을 인간들 사이에 존재하는 도덕적 감정, 곧 공감의 성찰지평으로 이해했다.

> 우리는 정의롭고 중립적인 다른 관찰자가 검사하는 방식으로 자신의 태도를 검사하려고 노력한다.[5]

다른 사람과 공감하고자 하는 소망은, 우리가 책임감을 느끼는 동시에 우리를 평가하는 근거가 되는 다른 사람들과 생각을 주고받으면서 자신의 행동 의도를 비판적으로 검사하고자 하는 동기를 형성한다. 따라서 자기 존중은 자신에게 소중한 다른 사람들로부터 존중받고 있다는 경험을 통해 자라나는 것이다. 그래서 자기 존중이 부족한 사람은 다른 사람들도 존중하지 못하게 된다. 이런 방식으로 자기 존중은 다른 사람을 윤리적으로 고려하는 책임적 행동의 동기와 결합되어 있다. 특히 공화주의적인 시민적 경제 에토스에서 더욱

5_ Adam Smith, Theorie der ethischen Gefühle, 167. 이런 공감의 문제에 관해서는 Peter Ulrich, Integrative Wirtschaftsethik, 63 이하를 참조할 것.

그러하다. 만일 대중매체에서 주목받는 사람들이 이런 경제 에토스를 무시한다면 대중은 그들에 대해 크게 분노할 것이다. 왜냐하면 이미 다수의 경제시민들이 이런 경제 에토스를 철저하게 내면화했기 때문이다.

경제 영역에서 새로운 개인윤리 혹은 시민윤리를 요구하게 된 것은 최근에 와서 생겨난 다음과 같은 현상 때문이다. 점점 더 많은 사람들이, 억제되지 않고 무절제하고 무분별하고 파렴치한 돈에 대한 집착이 사회적으로 확산되어가고 있다고 느끼는 현상이 그것이다. 신자유주의적 경제 세계는 자유롭고 평등한 시민들로 구성된 제대로 질서 지어진 사회라는 공화주의적 자유주의의 이상에서 많이 벗어나 있는 것처럼 보인다. 조지 오웰George Orwell, 1903~1950이 지은 『동물농장Animal Farm』(1945)에는 다음과 같은 문장이 나온다.

> 모든 동물들은 평등하다. 그러나 몇몇 동물들은 더욱 평등하다!

실제로 보통의 시민들은 '큰 동물들'이 점차 지반을 상실하고 자기 존중의 도덕적 기초를 잃어버렸다고 생각한다. 한쪽에서 이런 '큰 동물들'에 의해 억대의 연봉과 그 외의 다른 특권들이 요구되고 있다. 반면 다른 쪽에서는 더 이상 넉넉한 생활비가 주어지지 않음에도 불구하고 모두가 같은 국민이고 산업입지의 경쟁력이 점차 떨어지고 있다는 사실이 강조되면서 임금 인상의 자제가 강요되고 있다. 그리고 이런 맥락에서 근로빈곤층의 문제가 생겨나는 것이다.[6]

그런데 이처럼 경쟁이 심화되고 있는 상황에서 사적인 이익 추구를 책임적으로 제한하려고 하는 공화주의적 에토스는 비현실적인 이상에 불과한 것이 아닐까? 이런 공화주의적 에토스는 세상에서 만나보기 어려운 이타주의적인 선한 인간을 전제하고 있는 것은 아닐까? 여기서 도덕적 행위란 타인을 위해서 자신을 전적으로 희생하고 자신의 소득과 출세를 전혀 생각하지 않는 것을 의미하는 것일까? 결코 그렇지 않다. 자기 존중과 타인 존중을 경제적 영리 추구 아래 종속시키는 것은 현명한 처사가 아니다. 우리는 자기 존중과 타인 존중을 경제적 영리 추구와 통합시키면서 그것의 기초로 삼을 필요가 있다. 이런 맥락에서 우리는 경제적 인간homo oeconomicus이 도덕심리학적 관점에서 얼마나 잘못 구성되어 있는 개념인지를 알게 된다. 그런데 철저하게 자기 이익을 추구하고 동료 인간의 복리에 무관심한 경제적 인간은 정반대의 모델, 곧 '사회적이고 감정적으로 능력 있는 인간'으로 전환될 수도 있다. 여기서 사회적이고 감정적으로 능력 있는 인간은 타인에 대한 높은 감정이입 능력, 곧 공감 능력[7]을 지니고 있는 존재이다.

이 대목에서 우리는 공화주의적 윤리의 기본 이념에 관해 알아볼 필요가 있다. 왜냐하면 이 기본 이념은, 경제윤리에서 중요한 것이 이타주의와 이기주의 사이에 있는 경제주체가 아니라 통합적 경제

6_ 이 문제에 관해서는 1장 II와 3장 IV를 참조할 것.

7_ 이 개념에 관해서는 Ernst Tugendhat, Vorlesungen über Ethik, Frankfurt a.M. 1993, 284를 참조할 것.

주체라는 사실을 우리에게 분명하게 알려주기 때문이다. 통합적 경제주체로서의 책임적 경제시민은 영웅적으로 자신을 헌신하는 보기 드문 이타주의자도 아니고 자기 이해에 충실한 행위를 포기하지 않는 철저한 이기주의자도 아니다. 통합적 경제주체의 원칙은 윤리적으로 통합된 성공 지향성이다. 통합적 경제주체는 성공하길 원한다. 그런데 하나의 조건이 있다. 곧 통합적 경제주체가 자기 행위를 자신과 타인 앞에서 옹호하고 선한 행위로 인정할 수 있어야 한다는 것이다. 이런 조건을 충족시키기 위해서는 현명한 시민들의 복합적인 동기가 요구된다. 현명한 시민들은 자신의 자유 및 삶의 질을 모든 시민들을 위한 소중한 공공적 가치로 이해하며 나아가 사회 전체적인 삶의 질에 기여하는 것으로 인식한다. 공화주의적 의식을 지닌 시민들은 자신의 개인적 행동을 자신이 살고 싶어 하는 사회의 이상과 분리시키지 않고 이런 이상의 관점에서 자신의 개인적 행동을 성찰한다. 그러나 공화주의적 시민들에게 그 이상의 것을 기대할 수는 없다. 특히 그들에게 정당한 경제적 자기 요구를 포기하라고 요구할 수는 없다.

여기서 우리는 시장경제적 경쟁 상황 속에서 살아가는 경제시민들에게 책임의식을 과도하게 요구하는 문제에 직면하게 된다. 지나치고 비현실적인 도덕주의에서 벗어나기 위해서 우리는 이런 문제를 진지하게 숙고해야 한다. 4장 Ⅱ에서는 이러한 문제에 관해 상술하고자 한다.

II.
시민적 책임의 지지대

우리는 노동시장과 상품시장에서 소득을 얻고 경쟁력을 유지해야만 한다. 이런 과정에서 우리 가운데 대부분은 시장경제적 경쟁이라는 물적 강제로 인해 질식하고 있다. 실제로 우리에게 자유로운 시장은 삶의 강제적인 맥락을 의미한다. 경제적인 성과로 인정되는 것이 시장에서 돈을 지불할 의사가 있는 수요를 창출한다. 그런데 이런 성과를 강제하는 것이 시장경제에서 효율성을 유지하는 비결이다. 효율성을 최상의 가치로 여기는 사람들은 시장에 대한 규제를 무제한적으로 철폐하고 경쟁을 지속적으로 강화할 것을 주문한다. 그런데 이런 규제 철폐가 봉급을 받아 생활하는 이들에게 항상 좋은 결과를 가져오는 것은 아니다. 시장에 대한 규제를 철폐하는 것은 오늘날처럼 생산력이 과도한 상황에서 시대착오적인 현상으로 여겨질 수밖에 없는 '곤궁한 삶의 경제'를 초래하게 된다 11.[8]

11 규제 철폐와 경쟁 강화의 결과들

시장 규제의 철폐와 경쟁의 강화
↓
모든 이들에게 적용되는 더 가혹한 조건
(물적 강제)
↓
승자와 패자로의 사회의 양극화
(승자 독식)
↓
진보하는 충족된 삶의 경제 대신에
전근대적인 곤궁한 삶의 경제의 항구화

성과를 올리라는 압력이 증대되면 무엇보다도 먼저 만인의 경쟁 상황이 전개되면서 자기주장이 점점 더 어려워진다. 이전보다 훨씬 더 많은 구성원들이 가혹한 시장의 요구들을 충족시키지 못하게 된다. 그래서 이들은 점점 더 불안정한 삶의 조건으로 빠져들게 된다. 그러면서 경쟁에서 승리한 자와 패배한 자 사이에 사회경제적 격차가 심화된다. 여기서 말하는 패배한 자란 시장에서 성과를 제대로 내지 못한 사람들만을 가리키는 것은 아니다. 의도적으로 자신의 전체 에너지를 경제적 영리활동에 모조리 투여하지 않는 이들도 패배자 집단에 속한다. 이런 부류의 인물들은 보통의 사람들과 다른 삶의 철학을 가지고 있으며, 보다 인간적이고 사회적이고 친환경적으로 살아간다. 만약 이런 인물들이 시장의 논리에 적응하지 않고 자신들의 이익을 철저하게 추구하지 않는다면 그들은 자유로운 시장경제가 만들어놓은 경쟁 구도 속에서 어떤 소득도 얻지 못할 것이고 생존 자체가 어렵게 된다.

이 경우 초래되는 결과는 단순하지만 질서 정책적으로 적지 않은 함의를 지닌다. 개인들에 대한 경쟁 압력이 그리 심하지 않더라도 그들에게 윤리적인 관점을 가지고 자신의 이윤 추구를 제한하라고 요구하는 것은 과도한 것일 수 있다. 경제윤리적 관점에서 시장 참여자들에게 도덕적인 자기 제한이 지나치게 요구될 경우 물적 강제를 제한하는 정책이 구사될 필요가 있다. 이런 정책이 순수한 경제

8_ 이에 관해서는 2장 Ⅳ, Ⅴ를 참조할 것.

적 효율성의 증대 및 무제한적인 경쟁력의 강화와 반대되는 것임은 물론이다(1장 참조). 하지만 물적 강제를 제한하는 정책이 시장과 경쟁의 지양을 추구하는 것은 결코 아니다. 이런 정책은 철저하게 시장 안에서 구사되는 것이다. 시장의 인센티브를 질서 정책적으로 조정하는 방식은 시장 참여자들의 경쟁 상황에 영향을 미칠 수 있다. 그러나 이런 과정을 통해 가격 메커니즘은 약화되거나 제한되지 않는다. 오히려 가격 메커니즘은 개인의 생활과 사회 전체에 도움을 주고 나아가 스스로의 정당성을 강화시키게 된다. 과도한 물적 강제의 문제와 관련해서 우리는 다음의 두 가지 경우를 생각해볼 수 있다.

첫째, 최선의 경우는 질서 정책이 시장이 내보내는 가격 신호의 방향성을 윤리적으로 책임적인 경제주체, 곧 인간적이고 사회적이고 친환경적인 경제주체에게 유리하게끔 설정하는 것이다. 이런 경우 윤리적으로 바람직한 행동은 경제적으로 성공적인 행동과 동일시된다. 따라서 과도한 윤리적 자기 제한의 문제가 제기될 수 없게 된다. 물론 이와 같은 최상의 경우는 이론적인 차원에서나 성립 가능하다. 이런 경우는 시장의 완벽한 테두리질서를 전제하기 때문에 실제로 존재하기는 어렵다(이에 관해서는 6장에서 상술할 것이다).

둘째, 차선의 경우는 책임의식을 지닌 경제시민이 소득과 이익의 기회를 포기하면서 감수해야만 하는 경쟁력의 약화를 질서 정책을 통해 보상받을 수 있도록 시장의 인센티브 구조를 합리적으로 형성하는 것이다. 하버마스가 지적한 바와 같이 이런 경우 시민들에게 경제적 삶을 도덕적으로 영위하라는 요구가 제시될 때 그 요구의 수

준은 낮은 편이라고 할 수 있다.[9] 우리는 이런 상황을 "적은 비용이 드는 상황"[10]이라고 규정할 수 있는데 이때 개인의 경쟁력이 위협받지 않는다. 또한 개인적 삶의 조건도 거의 악화되지 않는다. 그러므로 이러한 상황은 정당화될 수 있다.

물적 강제를 제한하는 정책은 윤리적으로 과도한 요구를 받을 수 있는 경제시민들을 제도적으로 지원해준다. 경제시민들은 이익을 추구하면서도 동시에 품위 있는 인간으로서 책임 있게 행동해야 하는 긴장 상태에 놓이게 된다. 그러나 그들은 물적 강제를 제한하는 정책 덕분에 이런 긴장 상태에서 더 나은 입장을 관철시키기 위해 도덕적 영웅주의를 추구할 필요는 없다. 또한 대부분의 경제시민들이 도덕적 무임승차, 곧 다른 이들에게 비용을 전가시키면서 그들을 무분별하게 착취하는 상태에 빠지려는 유혹에 저항할 수 있는 도덕성을 가지고 있다는 사실도 강조되어야 한다. (여기서 무임승차란 차비를 내지 않고 차를 타는 경우처럼 자신은 제대로 기여하지 않으면서 다수의 기여로부터 이익을 얻는 행위를 의미한다.)

보통의 시민들은, 품위 있는 이들이 대부분 손해를 보는 데 반해

9_ 이에 관해서는 Jürgen Habermas, Ist der Herzschlag der Revolution zum Stillstand gekommen? Volkssouveränität als Verfahren. Ein normativer Begriff der Öffentlichkeit?, in: Forum für Philosophie Bad Homburg (Hrsg.), Die Ideen von 1789 in der deutschen Rezeption, Frankfurt a.M. 1989, 7~36, 특히 32를 참조할 것.

10_ 이런 개념에 관해서는 Hartmut Kliemt, The Veil of Insignificance, in: European Journal of Political Economy 2/3 (1986), 333~344; Gebhard Kirchgässner, Towards a Theory of Low-Cost Decisions, in: European Journal of Political Economy 8 (1992), 305~320을 참조할 것

약삭빠른 이들이 부유해지면서 비양심적인 멘탈러티가 확산되어가는 사회적 분위기를 경험한다. 이런 경험으로 인해 그들은 도덕적인 자기 제한을 꺼리게 된다. 그리고 비양심적인 멘탈러티가 만연하게 되면 결국 부패가 생겨나기 마련이다. 여기서 말하는 부패란, 미국의 저명한 법철학자 프랭크 마이컬먼Frank I. Michelman이 지적한 바와 같이, "특수한 이해관계가 관철되면서 공공선이 와해된 상태"[11]를 의미한다. 따라서 부패는 자기 제한이라는 공화주의적 에토스와 반대된다.

이렇게 보면 개인적인 이윤 추구의 영역에서는 자기 제한이라는 고상한 에토스로서의 경제시민적 덕목이 존재하든지 아니면 존재하지 않든지 둘 중의 하나이다. 따라서 이런 덕목은 제대로 된 자유와 마찬가지로 귀중한 공공적 가치라고 할 수 있다. 이와 같은 맥락에서 우리는 물적 강제를 제한하는 정책을 통해 이런 덕목을 증진시킬 필요가 있다. 나아가 모든 이들에게 이런 덕목을 지속적으로 요구할 필요가 있다. 이제 우리는 경제시민의 덕목을 조금이나마 구체화하도록 노력해보자. 그런데 이와 관련해서 우리는 시민들에게 보편적인 행동 영역에서 무엇을 요구할 수 있을까? 또한 특수한 행동 영역

11_ Frank I. Michelman, The Supreme Court 1985 Term. Foreword: Traces of Self-Government, in: Harvard Law Review 100(1986), 40. 또 이에 관해서는 Thomas Maak/Peter Ulrich, Korruption-die Unterwanderung des Gemeinwohls durch Partikularinteressen. Eine republikanisch-ethische Perspektive, in: Mark Pieth/Peter Eigen(Hrsg.), Korruption im internationalen Geschäftsverkehr. Bestandsaufnahme, Bekämpfung, Prävention, Neuwied 1999, 103~119를 참조할 것

에서는 무엇을 요구할 수 있을까?

보편적인 영역에서 경제주체들에게 요구할 수 있는 것은 철저한 이윤 극대화 추구에 대한 포기이다. 다시 말해서 모든 사람들은 자기 행위의 의도가 정당한 것인지를 점검해야 한다는 말이다. 그런데 만일 이런 의도의 정당성에 관해 의혹이 제기된다면 해당 행위는 중지되어야 한다. 중요한 것은 우리의 목적과 이해관계를 다른 사람의 정당한 요구라는 관점에서 비판적으로 재검토하고, 다른 사람의 이의제기를 진지하게 수용하는 것이다. 나아가 우리의 사적인 이해관계와 관련해서 윤리적으로 선한 근거가 존재하지 않을 경우 그것을 추구하지 않는 것이다.

그런데 여기서 윤리적으로 선한 근거란 무엇인가? 이미 언급한 바와 같이 그것은 모든 사람들의 도덕적 평등을 고려하면서 그들을 공평무사하게 대하는 것이다(이에 관해서는 3장 I을 참조할 것). 따라서 여기서 강조되는 요구 개념은 주체와 관련 당사자 사이에 관점을 교환할 수 있는 상황과 연관된다. 다시 말해서 이 개념은 내가 주체로서의 나를 관련 당사자의 입장으로 옮겨놓으면서 "관련 당사자의 시각과 관점"[12]에서 내 행동을 허용할 수 있는지를 비판적으로 묻는 것과 연관된다. 이런 의미에서 주체와 관련 당사자 사이에는 중립적이고 상호적이고 제한적인 요구들이 존재한다고 할 수 있다. 그리고 이런 요구들로 인해 공정한 대칭구조가 성립하는 것이다.

12_ Adam Smith, Theorie der ethischen Gefühle, 167.

지금까지 서술된 것이 상당히 추상적인 방향 설정이라는 사실을 고백하지 않을 수 없다. 그래서 이제는 구체적인 경제시민의 행동 영역들에 관해 살펴보기로 하자.

III.
비판적 소비자와 투자자로서의 경제시민

책임의식이 강한 경제주체가 비판적으로 자신을 성찰하는 소비자로서 수행하는 일은 다음과 같이 요약될 수 있다. 곧 상품 공급자, 정책 담당자 그리고 동료 시민을 향해 자신이 값싸고 질 좋은 상품뿐만 아니라 이런 상품의 인간적, 사회적, 생태적 생산 조건에도 관심을 갖고 있다는 신호를 보내는 일이 그것이다. 다시 말해서 비판적 소비자로서의 경제주체는 자신이 기존의 구매 방식을 넘어서 상품 생산에 필요한 원료 구입, 가공, 판매, 쓰레기 수거 등에서 인간적이고 사회적이고 생태적인 관심을 보이고 있다는 신호를 보내는 것이다.

수년 전부터 유기농 식품과 친환경적 소비재가 소비자들로부터 큰 호응을 얻고 있다. 이런 사실에서 우리는, 경제시민들이 개인적 소비의 영역에서 윤리적인 관점을 지니는 것이 변화를 일으키는 동력이 될 수 있음을 확인할 수 있다. 점점 더 많은 소비자들이 제3세계에서 만들어진 섬유제품이나 양탄자와 같은 상품들 가운데 아동노동을 비롯한 모든 형태의 노동 착취를 통해 생산되지 않은 제품을 선호하고 있다. 공정하고 비착취적인 노동 조건에 관해 우리는 국제노동기구International Labor Organization, 이하 ILO가 공표한 〈노동의 기본적 원칙과 권리에 관한 선언Declaration on Fundamental Principles and Rights at Work〉을 참조할 수 있다. 이 선언에 따르면 공정하고 비착취적인 노동 조건이란 노동자들이 결사의 자유와 단체교섭권을 지니고, 모든 형태의 강제노동이 제거되고, 아동노동이 금지되고, 노동 조건과 관련된 모든 차별이 극복된 상태를 의미한다.

개인적 책임의식은 소비자를 보호하기 위한 질서 정책의 수단들을 통해 제도적으로 후원받을 경우 더 큰 영향력을 발휘할 수 있다. 이런 정책 수단의 예로는 제품의 생산지와 구성물을 표기하는 것을 의무화하는 것, 규정에 따라 제품을 보증하는 것, 독립적인 소비자 기구의 지원을 받는 것, 소비자의 정보 능력과 권리를 향상시키는 그 밖의 조치들을 취하는 것 등을 들 수 있다. 스위스보다 이런 정책 수단들이 더 잘 마련되어 있는 미국에서는 경제우선회의Council on Economic Priorities, 이하 CEP에 의해 《더 나은 세상을 위한 쇼핑Shopping for a Better World》이란 책자가 정기적으로 발행된다. 이 책자는 미국 소비자들에게 대기업들이 생산해내는 인간적이고 사회적이고 생태적인 제품들에 관한 정보를 제공한다. 독일에서도 이와 비슷한 정보지가 발간되고 있다. 곧 1992년부터 우르줄라 한센Ursula Hansen 교수를 중심으로 하노버대학 마케팅-환경-사회연구소에서 발행하고 있는 《기업테스트Unternehmenstest》가 그것이다.[13]

그 밖에 그 수가 빠르게 증가하고 있는 품질 마크와 인증서가 신뢰할 만하고 독립적인 단체에 의해 주어지는 경우 투명성을 높이는 데 기여할 수 있다. 품질 마크는 생산품의 질과 관련되는 데 반해 인증서는 기업의 생산 조건과 연관된다. 그러나 양자가 항상 명확히 구분되는 것은 아니다. 독일의 경우 환경친화적인 생산품에 '푸른

13_ 홈페이지 주소는 www.unternehmenstest.de이다.

환경천사Blauer Umweltengel', 스위스의 경우 자연에 가까운 생산품에 '바이오-스위스Bio-Suisse'라는 품질 마크를 부여한다. 국제적으로는 유기농 식료품에 '데메테르Demeter', 제3세계에서 지속 가능한 방식으로 생산된 식료품에 '막스 하벨라르Max Havelaar'라는 품질 마크를 붙인다 12. 또한 아동노동과 무관하게 생산된 양탄자에 대해 독일에서는 '케어 앤 페어Care&Fair'와 '러그마크Rugmark', 스위스에서는 '스텝Step'이라는 품질 마크를 부여한다. 이외에도 기본적인 인권을 존중하고 앞서 언급한 ILO의 노동 조건을 준수하면서 만들어진 제3세계의 생산품에 대해 1997년 CEP에 의해 시작되어 국제적으로 유명해진 SA8000[14]이란 인증서가 발급된다.[15]

근자에 들어 주식투자와 관련해서 비판적 자본투자자로서의 경제

12 막스 하벨라르 재단의 임무[16]

막스 하벨라르 재단의 임무는

- 남반구에 있는 생산자와 농장 노동자를 위해 공정하고 지속 가능한 조건으로 생산물을 거래할 수 있도록 보장해주는 것이다.
- 막스 하벨라르 품질 인증을 받은 생산물이 공정하고 지속 가능한 무역에 관한 국제적인 기준에 따라 생산되고 거래되고 있다는 사실을 입증해주는 것이다.

막스 하벨라르 재단은

- 막스 하벨라르 품질 인증을 사용할 수 있는 라이선스를 제공하지만 직접 생산물을 거래하지는 않는다.
- 공정무역의 조건들을 만들어내고 감시하고 통제한다.

관련 당사자들은 다음과 같은 이익을 얻게 된다.

- 농장 주인은 공정한 가격으로 생산품을 판매하게 된다.
- 농장 노동자의 생활 조건과 근로 조건이 향상되게 된다.
- 라이선스를 받은 거래업자는 신용을 얻게 된다.
- 소비자는 1등급의 생산품을 구매하게 된다.

시민의 역할이 강조되고 있다. 금융시장에서 윤리적인 것을 확대시킬 수 있는 잠재력을 이용하는 문제가 중요해지고 있다. 설령 자본주의라고 할지라도 그것은 윤리적인 것과 결합되어야 비로소 올바를 수 있다. 글로벌 금융시장이 탈규제화된 이래로 주식펀드와 연기금을 매개로 해서 경영자에게 주가를 상승시킬 것을 강요하는 주체는 바로 투자자이다. 오늘날에는 노동자라고 할지라도 자신의 저축을 주식시장에 투자하고 있다. 그런데 문제는 주식투자자로서의 노동자들이 경영자에게 주가 상승의 압력을 가하면서 부지불식간에 자신들의 임금과 일자리를 축소시키고 있다는 데 있다. 이런 이유에서 노동자들의 돈을 굴리고 있는 주식펀드와 연기금이 무조건적으로 이윤 극대화만을 추구하지 않고 인간적이고 사회적이고 생태적인 경영 방식을 수용하면서 적정한 이윤을 획득하는 데 만족할 필요가 있다. 경제윤리적 관점에서 전적으로 만족스러운 정도는 아니지만 이런 방향에서 운영되고 있는 주식펀드의 수가 빠르게 증가하고 있다.[17]

이외에도 매년 주주총회에서 기업윤리적인 요구를 관철시키면서 대기업 경영자들로 하여금 기업 운영 과정에서 공공의 입장을 수용

14_ 여기서 SA는 Social Accountability의 약자다. SA8000이란 인증서는 뉴욕에 위치하고 있는 국제사회책임센터(Social Accountability International)에 의해 발급되고 있다.

15_ 이런 품질 마크와 인증서에 대한 상세하고 체계적인 설명에 관해서는 Christoph Stückelberger, Ethischer Welthandel. Eine Übersicht, Bern/Stuttgart/Wien 2001, 81 이하를 참조. Peter Ulrich/Bernhard Waxenberger(Hrsg.), Standards und Labels, Berichte des Instituts für Wirtschaftsethik, Nr. 94 und 95, St. Gallen 2002을 참조할 것.

16_ http://www.maxhavelaar.ch

하도록 하는 비판적 주주 단체가 존재한다. 물론 이런 성과는 주주총회에 대한 주주들의 직접적인 압력에 의해 도출된 것이라기보다는 이 문제에 대한 대중매체의 보도가 유발하는 승수효과[역자주 1]를 통해 이루어진 것이다. 비판적 주주 단체들 가운데 선구적 단체는 카네스CANES(라틴어로 '지키는 개'를 뜻함)인데 이 단체는 비판적인 네슬레 주주들로 구성되었다. 나중에 카네스는 스위스의 상장기업들을 감시하는 '지속 가능한 경제를 위한 주주 단체' 가운데 하나인 액타레스ACTARES로 발전했다.

17_ 독일어권에 있는 이런 성격의 주식펀드들에 관해서는 Peter Ulrich/Urs Jäger/Bernhard Waxenberger, Prinzipiengeleitetes Investment I: Kritische Analyse der gegenwärtigen Praxis bei 'ethisch-ökologischen' Geldanlagem. Berichte des Instituts für Wirtschaftsethik, Nr. 83, St. Gallen 1998을 참조할 것.

역자주 1_어떤 요인의 변화가 다른 요인의 변화를 초래하여 파급적 효과를 낳고 최종적으로는 처음의 몇 배 증가로 나타나는 효과.

Ⅳ. 조직시민으로서의 경제시민

오늘날 대부분의 사람들은 위계 질서를 갖추고 복잡하게 분업화된 조직 안에서 일한다. 이런 조직의 대표적인 예로는 회사나 관청을 들 수 있다. 경제시민 윤리는 이 문제와 관련해서 조직시민이라는 개념을 내세운다.[18] 공화주의적 윤리의 핵심 사상에 따르면 조직시민은 조직 안에서의 기능적인 역할책임과 자기 행위의 모든 결과에 대한 무제한적인 시민책임을 분리하지 않고 후자의 관점에서 전자를 성찰한다 13.

시민책임과 조직적 역할책임 간의 차이를 고려하지 않고 역할책임을 절대복종의 차원으로까지 높이게 될 때 어떤 일이 일어날 수 있는지는 나치 전범들에게서 분명하게 확인된다. 제2차 세계대전 후 뉘른베르크 법정에서 그들은 장교와 공무원으로서 자신의 임무에 충실했다고 생각하기에 자신의 비인간적인 만행에 대해 거의 참회

13 기업 조직적 책임과 윤리적 책임 사이의 갈등

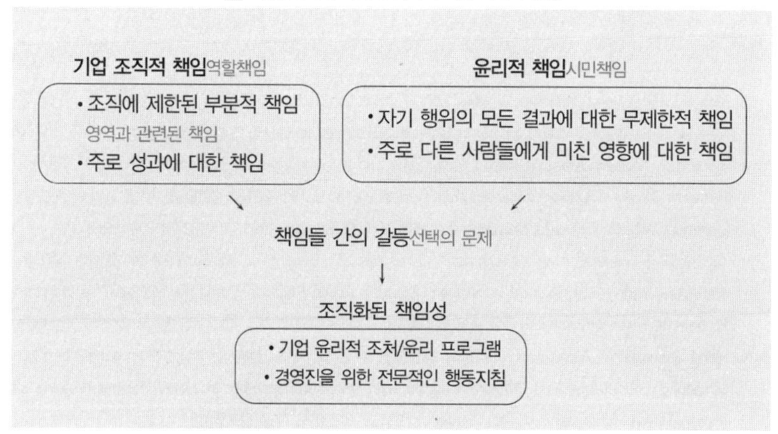

하지 않았다.[19]

복잡한 분업이 실시되는 경제 조직들에서는 절대복종이 의문시되지 않는다. 비판적 성실성[20]의 관점에서 보면 일반적으로 노동자들은 노동 계약서에 명시된 바에 따라 사용자에게 충성을 다해야 한다고 할 수 있다. 하지만 비판적 성실성을 갖춘 노동자는 상황에 따라 시민적 용기를 발휘하는 것을 자신의 도덕적 권리이자 의무로 생각한다. 이런 노동자는 비윤리적이라고 판단되는 지시나 관례를 거부한다. 물론 이런 거부는 상사를 불편하게 할 수 있다. 만일 위계질서를 갖춘 조직 안에서 상사가 공화주의적인 경제 에토스를 보유하지 않아서 부하 직원의 시민적 용기를 제대로 이해하지 못할 경우 비판적 성실성을 지닌 노동자는 도덕적 성실성과 성공적 직장생활 사이의 갈등 문제에 직면하게 된다. 여기서 조직시민의 시민적 용기를 지원하는 제도적 장치가 요구된다. 이런 제도적 장치를 마련하기 위해서 우리는 노동자들이 준수해야 할 기업 내부적인 규범을 비판할

18_ 조직시민 개념은 Horst Steinmann과 Albert Löhr가 'Institution Citizen'을 독일어로 번역한 것이다. 이 개념에 관해서는 Horst Steinmann/Albert Löhr, Grundlagen der Unternehmensethik, 2. Aufl., Stuttgart 1994, 60, 162이하; Richard P. Nielsen, Arendt's Action Philosophy and the Manager as Eichmann, Richard III, Faust, or Institution Citizen, in: California Management Review 26(1984), 191~201을 참조할 것. Nielson의 논문은 Horst Steinmann/Albert Löhr(Hrsg.), Unternehmensethik, 2. Aufl., Stuttgart 1991, 315~327에도 수록되어 있음.

19_ 이에 관해서는 Hannah Arendt, Eichmann in Jerusalem. Ein Bericht von der Banalität des Bösen, München 1986(New York 1963); Richard P. Nielsen, Arendt's Action Philosophy and the Manager as Eichmann, Richard III, Faust, or Institution Citizen을 참조할 것.

20_ Horst Steinmann과 Albert Löhr도 비판적 성실성을 주장한다. 이에 관해서는 Horst Steinmann/Albert Löhr, Einleitung: Grundfragen und Problembestände einer Unternehmensethik, in: Horst Steinmann/Albert Löhr (Hrsg.), Unternehmensethik, 2. Aufl., Stuttgart 1991, 3~32, 특히 17을 참조할 것.

필요가 있다.[21]

상사에 대한 이의제기를 정당화하고 제도적으로 강화하기 위해 한 단체가 만들어놓은 행동 지침이 있다. 1991년 스위스공학아카데미Schweizerischen Akademie der Technischen Wissenschaften, SATW가 내놓은 '엔지니어·공학도를 위한 원칙'이 그것이다. 이 행동 지침에는 비판적 성실성의 의미를 지닌 진실성의 원칙이 서술되어 있다.

> 동료 인간과 자신에 대한 진실성은 엔지니어와 공학도의 개인적 윤리를 구성하는 본질적인 요소이다. 이런 진실성은 기술적 행동의 확고한 기초임에 분명하다. 또한 그것은 무책임한 기술노동의 거부를 의미한다.

기업이 관련자들의 인권을 침해하거나 불법적인 경영을 하거나 공공복리를 손상시키는 경우 노동자들은 시민책임이라는 측면에서 비판적인 여론을 조성해서 외부로부터 그 기업에 압력을 행사해야 한다는 도덕적 의무감을 갖게 된다. 그래서 그들은 자신의 고용주를 공론장에 고발하게 된다. 그런데 이런 고발은 해당 기업에 대한 좋은 평판을 훼손시킬 수 있기 때문에 조직시민으로서의 노동자들은 자신의 고발 행위를 정당화하기 위해 다음과 같은 두 가지 전제조건들을 충족시켜야 한다.

21_ 기업 내부적인 윤리 프로그램의 구성 요소들에 관해서는 5장 V에서 상술할 것임.

첫째, 노동자들이 고용주를 고발하기 위해서는 최상의 윤리적 설득력을 보유해야 한다. 다시 말해서 고용주가 관련자들의 보편적 인권과 시민권을 침해하고 공공복리를 손상시키고 있다는 사실에 근거해서 고용주 고발의 정당성을 입증하면서 자기주장의 공적인 타당성을 확보해야 한다.

둘째, 고용주 고발은 최종적 수단으로서만 강구되어야 한다. 노동자들은 고발에 앞서 해당 기업의 상관들이나 감독위원회에 문제를 제기할 필요가 있다. 그래서 기업 조직 내부에서 그 문제를 인식하고 해결할 수 있는 기회를 제공해야 한다. 공론장에 고용주를 고발하는 것은, 그것이 최후 수단일 경우에만 정당화될 수 있다.

이런 전제조건들이 충족될 때 고발자에 대한 원칙적인 보호가 이야기될 수 있다. 품위 있는 법치국가는 자체의 오류 가능성을 염두에 두면서 시민들이 자기 양심과 현행법 사이에서 심한 갈등을 느낄 경우 시민불복종의 권리를 행사할 수 있음을 인정하고 있다.[22] 마찬가지로 모든 기업 조직은 자체 내규가 도덕적으로 잘못될 수 있음을 인정해야 한다.

세인의 주목을 끄는 고용주 고발의 경우 사람들의 관심은 고발자가 무엇을 폭로하고 있는가에만 있는 것이 아니라 고발자가 폭로 이후 해당 기업 조직에 의해 어떻게 다루어지고 있는가에도 있다. 법

22_ 이에 관해서는 Ronald Dworkin, Bürgerrechte ernstgenommen, Frankfurt a.M. 1984, 306 이하, 337 이하. Peter Glotz(Hrsg.), Ziviler Ungehorsam im Rechtsstaat, Frankfurt a.M. 1993을 참조할 것.

원도 이런 문제에 관심을 갖는다. 왜냐하면 스위스에서는 내부 정보의 지속적 제공이 노동법에 분명히 규정되어 있지 않기 때문이다.[23] 여기서 전 세계를 떠들썩하게 했던 UBS 은행과 그 은행에 대해 부정적인 입장을 가졌던 크리스토프 마일리Christoph Meili, 1968~의 대결 사건, 그리고 이 사건만큼 유명했던 제약회사 호프만-라 로쉬Hoffmann-La Roche와 스탠리 애덤스Stanley Adams, 1927~의 대결 사건을 상기할 필요가 있다.

경호인 크리스토프 마일리는 1997년 스위스 UBS 은행의 서류를 촌단寸斷하는 방에서 어떤 서류들을 발견했다. 이 서류들에는 나치 당시 스위스 은행들의 활동을 둘러싸고 국제적으로 일어난 격렬한 논쟁들이 기록되어 있었다. 이 서류들은 중요한 내용을 담고 있었기에 그것들을 촌단하는 것은 불법적인 행위임에 분명했다. 그런데 마일리는 그 은행의 직원은 아니었다. 그 은행은 그가 일하는 경호회사의 한 고객일 뿐이었다. 마일리는 자신이 발견한 그 서류들의 촌단을 막기 위해 그것들을 취리히 유대인 공동체에 넘겨주었다. 이로 인해 그 경호회사는 그를 해고시켰다. UBS 은행의 사장은 텔레비전 방송에서 공개적으로 그를 심하게 비난했는데 이 과정에서 자신의 불순한 동기를 감추지는 못했다. 그럼에도 불구하고 취리히 검찰은

23_ 이런 법적인 문제에 관해서는 Dieter Deiseroth, Whistleblowing-Zivilcourage am Arbeitsplatz, in: Blätter für deutsche und internationale Politik, Heft 2, 2000, 188~198; Klaus M. Leisinger, Whistleblowing und Corporate Reputation Management, München/Mering 2003을 참조할 것.

UBS 은행보다도 마일리를 더 많이 수사했다. 이 사건 이후 마일리는 미국으로 건너가 그곳에 거주하고 있다.

스위스 바젤에 위치하고 있는 유명한 제약회사인 호프만-라 로쉬는 1970년대 초반 비타민 시장의 선두주자 자리를 지키기 위해 불법적인 방식으로 영업을 했다. 이에 로쉬의 종업원인 스탠리 애덤스는 회사 안에서 문제를 제기했으나 아무런 반향이 없었다. 그래서 그는 1973년 브뤼셀에 있는 유럽연합European Union, 이하 EU 공정거래국에 회사의 불법 영업과 관련된 서류들을 제출했다. 공정거래국은 로쉬의 영업 행태가 공정한 경쟁 규칙을 위반한 것으로 판단하고 즉시 후속조치를 취했다. 이후 로쉬는 애덤스에게 심한 제재를 가하고 그를 비난했다. 결국 그는 구속되어 바젤 법원에 의해 유죄판결을 받았다. 이로 인해 그는 수년 동안 법적인 구속, 가족관계의 파괴 그리고 직업상의 피해로 어려움을 겪었다. 이에 EU는 1979년 그에게 상징적으로나마 배상금 2만 파운드을 주고 로쉬에 유죄판결을 내렸다. 1982년 애덤스는 유럽인권재판소에 스위스 법원을 고소했으나 그가 회사의 기밀을 노출시켰다는 이유로 기각되었다. (로쉬는 2001년 가을 또다시 가격 담합으로 미국과 EU에 의해 고소되어 엄청난 벌금을 물었다.)

실제로 이와 비슷한 사례들은 매우 많다. 이런 사례들을 통해 우리는 다음과 같은 교훈을 얻을 수 있다. 만일 해당 기업들이 조직 내부에 책임 문화를 조성하고 모든 부문에서 비판적인 이의제기를 수용하는 채널을 마련했더라면 고용주 고발은 발생하지 않았을 것이라는 사실과 만일 해당 기업들이 조직시민으로서의 노동자들에게 청취권을 보장해주었더라면 그들이 고용주를 고발할 근거들은 거의 없어지고 기업에 대한 세간의 좋은 평판이 유지될 수 있었을 것이라는 사실이다.

기업 안에서 윤리적인 이의제기를 하거나 고용주를 외부에 고발하는 노동자와 경영진이 관계를 맺는 방식이 기업의 통합 문화와 책임 문화를 조성하는 데 중요한 역할을 수행한다. 따라서 구직자가, 책임의식이 있고 정직한 노동자들에게 관심을 가지고 자기 기업 안에서 도덕적 책임을 제도화하는 고용주를 찾으려 하는 것은 의미 있는 일이다. 이와 관련된 다양한 기업윤리적 조처들은 기업윤리를 다루는 5장에서 서술할 것이다.

V. 책임적 국가시민으로서의 경제시민

자유민주주의 사회에서 국가에 대한 책임을 기꺼이 감당하려는 의식을 지닌 시민 없이는 어떤 국가도 성립 불가능하다. 우리는 이미 3장에서 이 문제에 관해 살펴보았다.

경제윤리적으로 각성된 경제시민으로서 우리는 시장의 질서를 구축하는 문제와 관련된 질서 정책적 책임을 감당해야 한다. 그런데 이런 책임은 투표권의 행사를 통해 구체화될 수 있다. 투표권자로서 우리는 자신의 개인적 이해관계를 관철시키는 일뿐만 아니라 시장의 역동성으로 하여금 제대로 질서 지어진 시민사회를 구축하고 지속적으로 환경을 보호하는 데 기여하도록 유도하는 정책을 지원하는 일에도 관심을 가져야 한다. 이런 과정에서 우리는 개인적으로 자신의 생활 수준을 어느 정도 희생할 수 있어야 한다.

칸트에 의해 구상된 하나의 이념이 이런 질서 정책적 책임과 관련해서 지침이 될 수 있다. 곧 자유롭고 성숙한 시민들로 이루어진 민주적인 의사소통 공동체 안에서의 공적인 이성 사용이라는 이념이 그것이다.[24] 현대적이고 개방적인 사회에서는 모든 성숙한 인간들로 구성된 무제한적이고 비판적인 공론장이 이상적인 도덕의 장소가 된다. 오늘날 정치학자들이 발전시키고 있는 심의정치의 실용적 모델은 이런 정치윤리적 이상과 현실 정치 사이에 균형을 잡으면서 윤

24… 이에 관해서는 1장 Ⅲ, 2장 Ⅱ, 3장 Ⅰ, Ⅲ을 참조할 것.

리적이고 이상적인 측면과 경험적인 측면을 결합하려고 노력한다 14. 여기서는 심의정치가 기초를 두고 있는 정치철학적인 토대에 관해 언급하지 않고 그것이 지니고 있는 네 가지의 근본적인 실제적 측면들에 관해서만 서술하려고 한다.[25]

첫째, 시민들은 적합한 근거들을 제시하면서 자신의 선호를 표명할 수 있는 공식적인 대화의 포럼을 구축할 필요가 있다. 그런데 이런 포럼을 통해 시민들은 일반화할 수 없는 특수한 이해관계를 관철시키려는 로비스트에게 공식적으로 그 의도를 정당화할 것을 요구해야 한다.

둘째, 민주적인 투표 결과의 윤리적이고 합리적인 측면이 강화될 필요가 있다. 이를 위해 양적으로 다수에게, 그리고 질적으로 공적인 심의 과정에서 투표 결과가 정당성을 가져야 한다. 공적인 심의 과정이 실제적인 합리성을 어느 정도 산출해낼 것이라고 예상되는 경우 어떤 관청이 아니라 공적인 이성이 이런 심의 과정을 위한 인

14 심의정치의 측면들

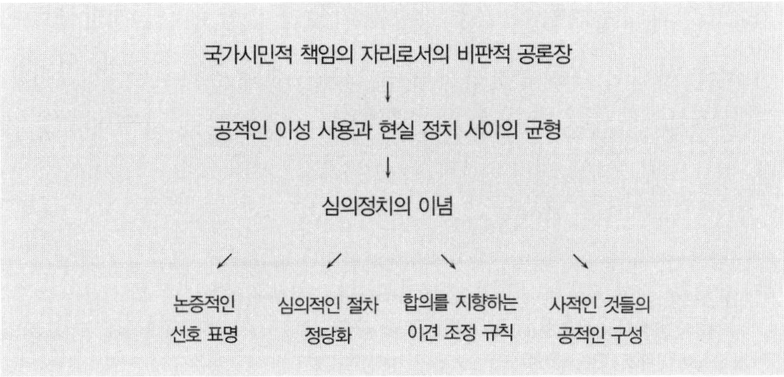

국가시민적 책임의 자리로서의 비판적 공론장

↓

공적인 이성 사용과 현실 정치 사이의 균형

↓

심의정치의 이념

↙	↙	↘	↘
논증적인 선호 표명	심의적인 절차 정당화	합의를 지향하는 이견 조정 규칙	사적인 것들의 공적인 구성

프라를 구축하게 된다.[26]

셋째, 정책적인 문제를 둘러싸고 갈등이 생겨 일치 상태에 도달하지 못할 경우 우리는 적어도 합의를 지향하면서 정책적인 이견을 조정해줄 수 있는 규칙을 수립할 필요가 있다. 이를 위해 당사자들은 공정한 타협을 추구할 준비가 되어 있어야 한다. 타협이 단순히 권력관계를 반영해서는 곤란하다. 그 요구들이 당사자들에게 정당하게 여겨져 흔쾌히 받아들여질 수 있을 때 타협은 윤리적인 차원을 보유하면서 정당한 것이 될 수 있다.

넷째, 공화주의적이고 자유로운 사회상에 따르면 모든 국가시민들과 경제시민들은 사적인 이해관계를 추구할 수 있는 자유 영역을 공적으로 구성할 필요가 있다. 자유로운 사회에서 사적인 것을 제한하는 것보다 더 공공적인 것은 없다. 사적인 경제 행위가 그 자체로 자연스러운 것은 아니다. 사적인 경제 행위는, 그 결과가 공공적인 정당성 테스트를 통과할 경우, 다시 말해서 인간적이고 사회적이고 민주적이고 환경친화적일 경우 자연스러운 것이 될 수 있다. 경제적 자유주의의 주창자들이 종종 간과하고 있는 사항이지만 개방사회에서 모든 사적인 경제활동은 공동의 이해관계와 관련되는 한 공적으로 정당화되고 보고되어야 한다. 그렇다고 해서 정책 이전에 애초부

25_ 이에 개념에 관해서는 Peter Ulrich, Integrative Wirtschaftsethik, 305를 참조할 것.

26_ 이 개념에 관해서는 Seyla Benhabib, Ein deliberatives Modell demokratischer Legitimität, in: Deutsche Zeitschrift für Philosophie 43(1995), 3~29, 특히 11을 참조할 것.

터 공적인 것에 의해 사적인 것을 제한해버리는 방식이 만인의 동등한 자유를 강조하는 공화주의적 자유 이해와 조화되는 것은 아니다.

마지막으로 언급된 네 번째 사항은 5장에서 서술할 내용과 연결된다. 5장에서는 경제윤리의 가장 중요한 부분 가운데 하나인 기업윤리에 관해 살펴볼 것이다.

5

기업은 어떻게 좋은 기업시민이 되는가?

기업윤리

기업가는 가장 중요한 경제주체 가운데 하나다. 오늘날 새로운 형태의 자영업과 기업이 생겨나고 있지만 고전적인 소유주-기업가 모델은 더 이상 지배적인 유형이 아니다. 그 대신 법인 형태의 회사가 주류를 이루고 있다. 법인 형태의 회사는 경영자, 곧 매니저에 의해 운영된다. 또한 그것은, 개인적인 방식으로, 그리고 노동자, 고객, 하청업자, 지역 주민에 대해 책임적인 방식으로 운영되는 전통적인 가족기업에서와는 다른 기업 문화를 보유하고 있다. 따라서 우리는 더 이상 기업 일반이란 개념을 사용할 수 없다. 그럼에도 공화주의적 자유주의의 관점에서 기업을 경제시민으로 이해하면서 그것에 기업시민corporate citizen으로서의 의무를 부과하는 것은 의미 있을 것이다. 요즘 좋은 기업시민이라는 개념이 매우 빠르게 확산되고 있다. 그러면 이 개념에서 중요한 것은 무엇인가? 그것은 다름 아닌 품위 있는 기업 경영이다.

이 장에서는 먼저 자신을 기업시민이라고 고백하는 네 기업들의 신조에 관해 살펴볼 것이다(Ⅰ). 이어서 이 기업들이 어떻게 사적인 경제에서 당연하게 인정되는 이윤원칙과 기업윤리를 결합시킬 수 있는가 하는 문제를 고려하면서 드러내고 있는 혼란에 관해 알아볼 것이다(Ⅱ). 그런 다음 기업들에게 널리 퍼져 있는 두 가지 기업윤리적인 사고 모델들에 관해 서술할 것이다. 특히 이 사고 모델들이 이윤원칙을 제대로 극복하지 못하기에 기업을 좋은 시민으로 이해하는 공화주의적 자유주의의 기준을 충족시키지 못하고 있다는 사실을 지적할 것이다(Ⅲ). 그러고 나서 좋은 기업시민이란 개념에서 근본적으로 중요한 사항을 정리할 것이다(Ⅳ). 마지막으로 기업윤리적인 프로그램의 구성 요소들을 간략하게 소개할 것이다(Ⅴ).

Ⅰ.
기업시민정신
새로운 기업 신조

여기서 소개될 네 기업들은 도이체방크Deutsche Bank, UBS, 노바티스Novartis 그리고 지멘스Siemens다. 이들은 독일어권에 있는 글로벌 플레이어로서 자신을 기업시민 개념[1]과 관련시키고 있다. 먼저 스위스 바젤에 있는 제약회사인 노바티스에서부터 시작해보자. 이 회사의 2000년 경영 보고서는 40쪽으로 구성되어 있는데 그 머리기사의 제목은 '우리의 사회적 의무를 고백한다Wir bekennen uns zu gesellschaftlichen Verpflichtungen'이다. 이 기사에는 다음과 같은 대목이 나온다.

> 고대 그리스와 로마의 도시국가들에서 시민이란 칭호는 명예로운 것이었다. 그런데 이런 명예에는 특정한 책임이 따랐다. 기업을 시민으로 이해하는 경우도 마찬가지다. 시민으로서의 기업은 세계를 발전시키고 말한 것을 실천에 옮겨야 할 책임을 지닌다.

여기서 자유민주주의 사회에서의 근대적 시민 개념이 아닌 고대적 시민 개념을 언급한 것은 그리 적절하지 않다. 그리스 폴리스에서는 소수의 엘리트들, 즉 경제적으로 독립적인 특권층만이 자유시

1_ 미국에서는 10여 년 전부터 기업시민 개념이 자주 사용되고 있다. 이 개념의 역사에 관해서는 Thomas Maak, Die Wirtschaft der Bürgergesellschaft, 266 이하를 참조할 것. 이 장에서는 기업시민 개념이 지닌 공화주의적인 윤리적 내용에 관해 단계적으로 살펴볼 것이다. 따라서 이 개념의 전체적 의미는 이 장 Ⅳ의 끝부분에서 규정할 것이다.

민이 될 수 있었기 때문이다. 노예들과 관리인들은 이런 특권층을 위해 일해야만 했다. 노바티스가 이렇게 엘리트 중심적인 관점에서 자신을 좋은 시민으로 이해했다는 사실은 기업 경영의 방향성을 바꾸는 것이 얼마나 어려운지를 상징적으로 보여준다. 과도기적 단계에서 이런 비일관성을 피하기는 거의 불가능하다. 하지만 그 이후 노바티스의 발전은 주목할 만하다.

노바티스는 국제연합United Nations, 이하 UN 사무총장이었던 코피 아난Kofi Annan, 1938~이 제안한 이니셔티브 '글로벌 콤팩트Global Compact'에 가입한 첫 번째 기업들 가운데 하나다. 노바티스는 변화를 선도하는 기업이 되고자 하는 의도를 가지고 이 이니셔티브에 가입한 것이다. 글로벌 콤팩트는 네 영역, 곧 인권 보호, 정의로운 노동 조건 확보, 환경 보호, 부패 척결에서 열 가지(원래는 아홉 가지) 원칙들을 내세우고 있다[15].

그런데 노바티스는 또다시 비일관적인 태도를 보이게 되었다. 노바티스는 2001년 경영 보고서에서 사회에 대한 자신의 책임 정책이 형성되는 과정에 있기 때문에 가야할 길이 아직 멀다는 사실을 시인했다. 아주 가난한 제3세계 국가들에서 만연하고 있는 질병을 뿌리 뽑기 위해 노바티스는 돈벌이와 무관한 계획을 세웠지만 실제로는 구현하지 못했다. 에이즈 약을 값싸게 판매하게 위해 노력하는 남아프리카 공화국 정부에 대해 39개의 세계적 제약회사들은 어떤 반응을 보였는가? 모두 그런 것은 아니지만 이 가운데 몇몇의 제약회사들은 남아프리카 공화국 정부에 대해 냉정하게 대응했다. 그러자 남아프리카 공화국 정부는 오리지널 약품의 높은 가격을 유지하게 만들어주는 특허권을 무시하면서 모조약품을 싼값에 팔도록 조치했다. 마침내 다른 제약회사들은 2001년 그곳에 에이즈 약을 매우 싼값에 팔거나 무상으로 제공하겠다고 선언했다. 그러나 노바티스는 이런 선언과 기업시민정신 사이의 직접적 연관관계를 인식하지 못했다.

시간이 흐르면서 노바티스는 기업시민정신을 자신의 기업철학과

15 UN 이니셔티브 '글로벌 콤팩트'

UN 사무총장이었던 코피 아난은 전 세계의 기업가들에게 이니셔티브 '글로벌 콤팩트'에 가입하고 그것이 제시하는 원칙들을 준수하기 위한 기업 정책적인 조처를 취할 것을 요청했다. 이 이니셔티브의 원칙들은 네 영역들, 즉 인권 보호, 정의로운 노동 조건 확보, 환경 보호, 부패 척결과 관련된다.

■ **인권**

원칙1 | 글로벌 기업은 자신의 영향력이 미치는 곳에서 국제적인 인권을 보호하기 위해 헌신하고 행동해야 한다.

원칙2 | 글로벌 기업은 인권을 침해하는 파트너들과 거리를 유지해야 한다.

■ **정의로운 노동 조건**

원칙3 | 글로벌 기업은 결사의 자유와 단체교섭권을 보장해야 한다.

원칙4 | 글로벌 기업은 모든 형태의 강제노동을 폐지해야 한다.

원칙5 | 글로벌 기업은 아동노동을 근본적으로 금지해야 한다.

원칙6 | 글로벌 기업은 업무 및 고용과 관련된 어떤 차별도 허용하지 말아야 한다.

■ **환경**

원칙7 | 글로벌 기업은 환경 문제를 사려 깊게 해결해야 한다.

원칙8 | 글로벌 기업은 환경에 대한 책임을 촉구하는 운동을 확산시켜야 한다.

원칙9 | 글로벌 기업은 친환경적인 기술의 개발과 보급을 지원해야 한다.

■ **부패 척결**

원칙10 | 글로벌 기업은 공갈협박과 뇌물을 포함한 모든 종류의 부패를 척결해야 한다.

경영윤리의 구성 요소로 자각하게 되면서 이것을 단계적으로 실천에 옮기고 있다. 2003년 경영 보고서에는 10쪽에 걸쳐 근본 원칙과 방향성, 그리고 한 해 동안의 구체적인 프로젝트와 발전 목표가 서술되어 있다. 또한 당시까지의 성과와 2004년을 위한 새로운 목표가 수록되어 있다. 이 보고서의 초점은 시민적이고 정치적인 인권과 경제적이고 사회적이고 문화적인 인권을 신장하기 위해 명확한 방향성을 설정하는 것에 있다. 실제로 노바티스는 이런 과업을 진지하게 받아들이고 있다. 이는 노바티스가 2003년에 새로 제정한 마케팅 헌장 등을 통해 세부 영역에서 이런 방향성을 구체화하고 있고 기업시민의 원칙이 준수되지 않을 경우 노동자에게 법적으로 소송할 수 있는 권리를 부여하고 있다는 사실에서 확인할 수 있다.[2] '지속 가능한 성장을 위한 노바티스 재단'은 매우 가난한 나라들에서 의료·보건 정책적인 프로젝트를 수행하고 있다. 따라서 이 재단은 좋은 시민으로서 기업이 전개하는 사회참여의 대표적인 사례가 된다. 물론 노바티스의 경우도 특허권 보호나 가격 정책의 측면에서 문제가 없는 것은 아니다. 그럼에도 전체적으로 볼 때 노바티스는 기업시민의 모범적인 사례들 가운데 하나로 간주될 수 있다.

이제 지멘스가 일관되게 행동하고 있는지 살펴보자. 지멘스는 2000년에 발간된 보고서 『우리의 사회 공헌Unser Engagement für die Gesellschaft』을 '기업시민 리포트Corporate Citizenship Report'라고 지칭했다.

2_ 노동자에게 부여되는 이런 권리는 고용주 고발 문제 관련된다. 고용주 고발 문제에 관해서는 4장 Ⅳ를 참조할 것.

위에 열거된 네 기업들 가운데 지멘스가 보고서 타이틀에 기업시민이라는 명칭을 처음으로 삽입했던 것이다. 최고경영자의 이름으로 나온 기업시민 리포트의 사설은 희망적이다.

> 우리는 이 기업시민 리포트를 통해 제3의 측면, 곧 사회 안에서의 행동과 영향력이라는 측면에서 우리의 재정 보고와 환경 보고를 보완하고자 한다. 이런 방식으로 우리는, 경영 실적과 사회 공헌이 짝을 이루고 있고, 더욱이 세계화 시대에는 이 둘이 서로 얽혀 있다는 사실을 분명히 할 것이다. (중략) 우리는 자신을 기업시민으로 이해한다. 나아가 우리가 일하는 모든 곳에서 해당 사회의 한 구성원으로 이해한다. (중략) 이 기업시민 리포트에서 중요한 것은 인간적인 세계를 건설하기 위한 사회적 행동이다. (중략) 우리는, 진보와 통합 능력을 통해 모두가 이득을 보는 사회를 형성하는 일에 책임적으로 동참하길 원한다.

지멘스는 그 이후로 자신의 이런 다짐에 얼마만큼 충실해왔는가? 지멘스는 이 기업시민 리포트에서 제2차 세계대전 동안 강제적으로 노동한 사람들에 대해 도덕적 책임을 지고 이들 가운데 생존해 있는 사람들을 인간적으로 도와주는 재단에 무조건적으로 참여하겠다고 공언했다. 그러나 그 뒤에 나온 실천 보고서들을 보면 지멘스가 자신들의 기본 경영철학에 거의 충실하지 못했음을 알 수 있다. 이 실천 보고서들은 직업교육과 재교육을 주장하면서 '기업과 노동자들의 미래에 대한 투자'를 강조하고 있다. 그리고 보호자적 전통에 입각한 과제들을 잡다하게 열거하고 있다.

> 지멘스는 사회적 책임을 매우 진지하게 생각하며 세계인의 복지를 위해 기부하고 있다.

이렇듯 지멘스의 기업시민 개념은 장기적인 경영 성과를 위한 투자 활동과 경영 성과와는 직접적으로 연관되지 않는 기부 활동 사이에서 갈피를 잡지 못한 채 동요하고 있다(이런 문제에 관해서는 5장 Ⅲ에서 상술할 것이다).

이렇게 보면 지멘스의 경우 달라진 것이 별로 없다고 할 수 있다. 더 정확히 말해서 퇴보한 모습을 보이고 있다. 이런 사실은 우리에게 실망을 안겨다 준다. 기업시민 리포트는 아무런 해명 없이 '기업의 사회적 책임 리포트Corporate Social Responsibility Report'로 그 명칭이 바뀌었다. 2003년 기업의 사회적 책임 리포트에는 모든 형태의 기부들이 열거되어 있다. 그러나 그것들은 경영 정책과는 아무런 관련이 없다. 이 리포트는 경영 보고서와 별도로 작성되어 있을 뿐이다. 이 리포트에는 우리로 하여금 환상에서 벗어나게 해주는 다음과 같은 문장이 씌어 있다.

> 경영의 가장 중요한 목적은 지속적이고 안정적으로 이윤을 확보하는 것이다. 그런데 기업이 이렇게 이윤 확보를 추구하는 것은 이윤

이 그 자체로 가치 있기 때문이 아니라 주주, 투자자, 노동자 그리고 다른 이해 당사자에게 이익을 주기 때문이다.

사물에 대한 조화주의적 관점에서 보면 이윤 추구는 그 자체가 기업의 사회적 책임이라고 할 수 있다. 그러고 보면 지멘스의 사회 공헌은 노바티스의 경우와 그리 큰 차이를 보이지 않는다.

이제 우리는 지멘스 본사가 있는 뮌헨에서 취리히로 시선을 옮겨 보자. 세계적인 재산 관리 은행인 UBS는 『고객, 노동자, 주주 그리고 사회-1999~2000년 우리의 사회 공헌Kunden, Mitarbeiter, Aktionäre und die Gesellschaft-Unser Engagement 1999/2000』이라는 보고서에서 다음과 같이 이야기한다.

우리는 좋은 기업시민으로서 우리가 활동하고 있는 공동체들에게 무엇인가를 돌려주길 원한다.

사람들은 이런 이야기를 들으면 UBS가 이전에 공동체들로부터 무언가를 빼앗아갔다고 생각할 수 있다. 그런데 왜 이 거대 은행은 이제 와서 공동체들에게 무언가를 돌려주려고 하는가? UBS의 홈페이지에서는 발견될 수 없는 문서가 하나 있는데 이 문서가 이런 물음에 대한 답변을 제공해줄 수 있다. 대표이사와 최고경영자의 이름으로 나온 이 문서의 서문은 다음과 같은 문장으로 시작되고 있다.

> 우리 기업이 관련 당사자들, 곧 주주, 고객, 노동자 그리고 사회와 대화하고 이들에게 이로운 부가가치를 창출하고자 한다면 우리 기업은 단지 경영 성과만 거두면 될 것이다.

이 문장을 통해 우리는 UBS가 지멘스와 마찬가지로 도구주의적 기업윤리(경영 성과를 목적으로 삼으면서 윤리적인 것을 도구화하는 기업윤리)를 보유했음을 확인할 수 있다. 또한 우리는, 노바티스와 더불어 글로벌 콤팩트에 가입한 첫 번째 기업들 가운데 하나인 UBS가 주주, 고객, 노동자 그리고 사회의 이해관계들이 장기적으로 서로 조화될 수 있다는 입장을 취했음을 알아낼 수 있다. 이 문장 뒤로 다음과 같은 문장들이 이어지고 있다.

> 우리는 이런 이해관계들이 단기적으로 모두 충족될 수 없다는 사실을 숨기고 싶지는 않다. (중략) 이런 이해관계들은 때로 상충되기도 한다. 그러나 장기적으로 보면 이것들은 서로 조화되어 하나의 이해관계로 수렴된다. 곧 기업의 지속적인 성장이 그것이다. 우리의 모든 노력은 이 목적의 실현을 위해 투입되어야 한다.

그렇다면 UBS의 경영진은 어떤 근거에서 이런 기업 목적이 모든 관련 당사자들의 이해관계를 충족시킬 수 있음을 주장하고 있는가? 이 물음에 대한 그들의 답변은 다음과 같다.

주주를 위한 부가가치의 창출은 다른 모든 관련 당사자들을 위한 부가가치의 창출로 이어진다.

이런 답변에서는 주주만이 표준적인 요구를 갖고 있기 때문에 주주 이외의 다른 관련 당사자들은 굳이 자신의 요구를 밝힐 필요가 없게 된다[16]. 이런 맥락에서 UBS는 오랫동안 이해 당사자stakeholder라는 개념을 사용하지 않았던 것이다.[3] 시장형이상학적인 공공복리 개념의 허구성과 주주가치shareholder value 개념의 문제점에 관해서는 다음 Ⅳ에서 상술할 것이다.

그런데 UBS의 경영 신조에는 다음과 같은 문장도 들어 있다.

16 주주가치 모델이 보여주는 기업의 요구 집단들 간의 불균형

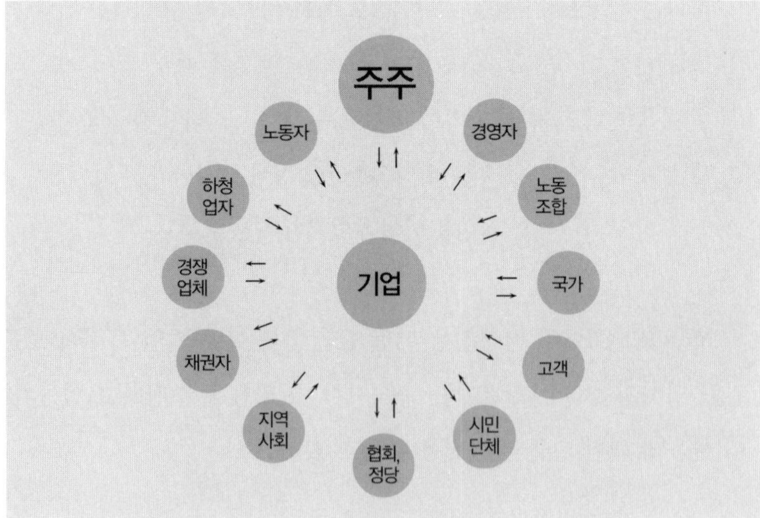

윤리규범을 존중하는 것과 우리가 대면하는 다양한 이해관계들 사이에서 균형을 발견하는 것은 의미를 지닌다.

그러나 UBS의 경우 윤리규범의 실제적 의미가 무엇인지는 불분명하다. 이런 의미를 단순히 권력에 근거한 이해관계의 균형으로 이해하는 것은 불충분하다. 윤리규범을 존중하면서 원칙을 따르는 행동과 기회주의적이면서 원칙에 따르지 않는 이해관계의 균형을 서로 대립시키려는 시도도 그리 분명하지 않다. 균형점에서 주주에게 가능한 한 가장 큰 이익이 주어지지 않는다면 균형 개념은 주주에 대한 우선적인 배려를 보장할 수 없다. 따라서 UBS의 경영진은 분명하고 실천 지향적인 기업윤리를 보유하기는 어려울 것이다. 또한 이런 불분명하고 비일관적인 진술들을 가지고 제대로 된 경영 보고서를 발간해내기도 쉽지 않을 것이다. 이런 점들을 고려해보면 2003년 경영 보고서에서 기업시민이라는 테마가 다루어지지 않은 것은 자연스러운 현상일 수 있다.

이제 마지막으로 도이체방크의 사례를 간단하게 살펴보기로 하

3_ 관련 당사자 개념 혹은 이해 당사자 개념을 도구주의적으로 축소시켜 이해하는 경향은 안타깝게도 이 주제에 관한 가장 대표적인 단행본에서도 발견된다. 곧 R. Edward Freeman이 저술한 『Strategic Management. A Stakeholder Approach』(Boston 1984)가 그것이다. 이 저술에 대한 비판과 이해당사자 개념의 기업윤리적 함의에 관해서는 Peter Ulrich, Was ist "gute" Unternehmensführung? Reflexionen zu den normativen Grundlagen ethisch bewussten Managements, in: Peter Gomez/Günter Müller-Stewens/Johannes Rüegg-Stürm(Hrsg.), Entwicklungsperspektiven einer integrierten Managementlehre, Bern/Stuttgart/Wien 1999, 225~253; Peter Ulrich, Integrative Wirtschaftsethik, 438 이하를 참조할 것.

자. 도이체방크는 2000년 『오늘의 사회 공헌-미래를 위한 책임 Engagement heute-Verantwortung für Morgen』이란 보고서를 발간했다. 이사회 대변인은 이 보고서의 사설에서 도이체방크가 시민의식[4]을 지닌 기업, 곧 좋은 기업시민이 될 것이라는 포부를 밝히고 있다. 그러나 이런 포부는 기부윤리("실질적인 도움을 통해 선한 것을 이루고 생기게 하는 것이 중요하다!")와 투자 활동을 결합시키는 것으로 구체화되지 못했다. 그럼에도 이 사설에서는 마치 기업윤리적인 요청이 중요한 것처럼 좋은 기업시민의 신조와 투자 활동이 연결되고 있다.

> 좋은 기업시민이 되기 위해서는 법에 따라 살고 경제적으로 성과를 거두는 것만으로는 불충분하다. 여기에 사회적 인정이 덧붙여져야 한다.

그런데 기업이 이런 사회적 인정을 얻기 위해 노력한다는 것은 무엇을 의미하는가? 그것은 시민의식의 총체 혹은 시민의식 형성의 기업 정책적 조건과 한계를 의미하는가? 도이체방크의 이사회 대변인은 사회적 인정을 얻기 위한 전략적 관점(기업 활동에 대한 사회적 비판의 실제적인 부재)과 정당화를 위한 윤리적 요구(규범적으로 충분한 근거를 지닌 정당화) 사이의 근본적인 차이에 관해 전혀 언급하지 않고 있다. 이후에도 사정은 마찬가지다. 2003년에 발간된 보고서 『사회

4_ 시민사회 안에서 시민의식이 수행하는 역할에 관해서는 3장 III을 참고할 것.

적 책임Gesellschaftliche Verantwortung』도 2년 보고서의 내용을 확인하는 수준에 머물고 있다.

지금까지 살펴본 기업 신조들 가운데 대부분이 엉성함과 개념 혼란으로 인해 제대로 된 기업윤리적 행동 지향성을 제시하지 못하고 있음을 인정하지 않을 수 없다. 노바티스를 제외한 나머지 기업들이 제시한 기업 신조들은 실제적이지 못하기 때문에 경영진의 책상 서랍에만 보관되어 있을 뿐 구체적인 실천으로 옮겨지지 않고 있다. 여기서 우리가 유의해야 할 사항은 이 기업들이 자기 이미지를 나쁘게 형성하고 있다는 사실이 문제가 되는 것은 아니라는 점이다. 정작 문제가 되는 것은 언어 사용의 비전문성과 윤리적 성찰의 빈약함이다. 이 기업들과 다른 유명 기업들에게는 기존의 기업 신조들을 보완한 더 나은 기업윤리 모델이 필요할 것이다.

II.
기업윤리와 이윤원칙
계몽되어야 할 사항

UBS의 사례를 통해 기업들이 최종적으로 이윤원칙을 지향한다는 사실, 곧 경영진의 가장 중요한 과제가 지속적인 이윤 극대화라는 사실이 확인되었다. 상장기업의 경우 이런 이윤 극대화는 주주가치로 표현된다. 따라서 주주가치는 이윤원칙의 정확한 표현 방식이다. 주주가치는 미래에 기대되는 기업의 순이익을 현금으로 환산한 가치이다. 따라서 주주가치는 기업의 단기적 이윤 추구가 지속적인 이윤 창출 능력을 약화시킬 수 있다는 문제점을 제거해준다.[5]

이윤원칙은 기업윤리적인 요구를 지닌 규범적 개념이다. 흔히 장기적인 이윤 극대화에 집중하는 것은 기업의 정당한 권리인 동시에 도덕적 의무라고 이야기한다. 그리고 이런 이윤 극대화는 시장의 '보이지 않는 손'을 통해 사회 전체의 복리 증진에 기여한다고 이야기한다.[6] 이런 상태는 자연스런 조화가 실현되는 니르바나 경제nirvana economy가 아닐 수 없다. 이런 니르바나 경제는 자신을 경제적 인간으로 이해하는 기업가에게 마술깔때기를 제공해준다. 이 마술깔때기는 다양한 사회적 요구들을 이윤 추구에 대한 관심이라는 동질적인 단위로 환원시켜 이런 요구들 사이에 생겨나는 갈등을 제거한다 17.[7]

5_ 이에 관해서는 Alfred Rappaport, Shareholder Value. Wertsteigerung als Maβstab für die Unternehmensführung, Stuttgart 1995을 참조할 것.

6_ 2장 II에서 지적한 바와 같이 '보이지 않는 손'이라는 개념의 문화사적이고 종교사적인 배경을 살펴볼 필요가 있음.

이 마술깔때기로 부어 넣을 수 없는 것이 이른바 외부효과이다. 그런데 여기서 외부효과는 주변적인 문제로 여겨진다. 오늘날까지 경영학 교과서에서 이윤원칙은 공공복리 증진에 기여하는 가치중립적인 형식적 목적으로 간주된다.[8] 이런 입장을 대변하는 대표적인 학자가 노벨경제학상을 받은 미국 경제학자 밀턴 프리드먼Milton Friedman, 1912~2006이다. 그는 다음과 같이 이야기한다.

> 경영의 사회적 책임은 이윤을 증가시키는 것이다. (그리고 이것 외에는 아무것도 없다.)[9]

17 경제적 인간의 마술깔때기

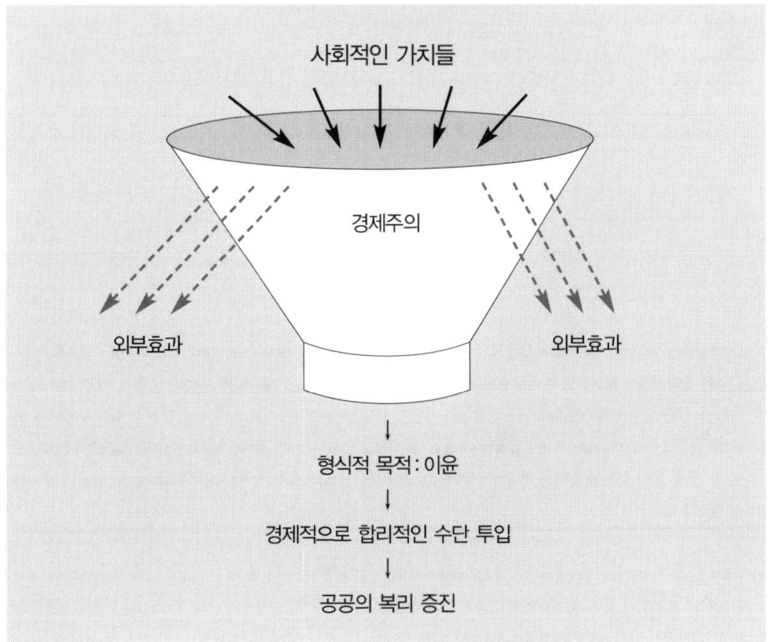

여기서 시장형이상학자 프리드먼은 '사회적social'이라는 형용사에 특별히 주목하지 않고 문장 전체의 의미에 비중을 두고 있다. 막강한 영향력을 지닌 독일기업가협의회의 이론가인 게르트 하베르만Gerd Habermann, 1945~도 분명한 독일어로 다음과 같이 이야기하고 있다.

> 기업가가 자신의 사회적 기능과 과제를 수행하고자 한다면 그는 특수한 에토스에 충실할 필요가 있다. 기업가가 완수해야 할 최고의 사회적 책임은 경제적으로 재화와 서비스를 공급하는 것이다. 기업가의 명령법은 다음과 같은 것이다. 생산하라! 고객들에게 편익을 제공하라! 성공하라! 감행하라! 기업가의 경우 경제적 명령과 도덕적 정의 사이에 어떤 대립도 존재하지 않는다. 이 둘은 하나가 된다. 기업이 최적의 상태에 도달하기 위해 기업합리성의 틀 안에서 행하는 모든 것, 예를 들면 노동자들에게 고통스러운 조치를 취하는 것은 도덕과 모순되는 것이 아니다. 오히려 그것은 기업가의 도덕적

7_ 이 마술깔때기에 관해서는 Peter Ulrich, Transformation der ökonomischen Vernunft, 195 이하를 참조할 것.

8_ 경영학 교과서에서 통상적으로 이윤 목적을 형식적 목적으로 간주하는 것은 이윤 목적과, 합리적 기업 경영이라는 윤리와 무관한 기준을 연관시키기 위함이다. 이런 사항에 관해서는 Erich Kosiol, Die Unternehmung als wirtschaftliches Aktionszentrum. Einführung in die Betriebswirtschaftslehre, Reinbeck 1972, 226 이하를 참조할 것. 또한 이런 형식적 목적이 초래하는 문제점에 관해서는 Peter Ulrich, Integrative Wirtschaftsethik, 407 이하를 참조할 것.

9_ 밀턴 프리드먼이 쓴 「The social responsibility of business is to increase its profit」이 처음으로 실린 곳은 The New York Times Magazine, 13. September 1970, 32~33, 122~126이다. 또한 그는 『Capitalism and Freedom』(Chicago 1962), 133에서 다음과 같이 주장하고 있다. "그것이 게임의 규칙, 곧 사기나 기만이 없고 개방되고 자유로운 경쟁 상황 안에서 활동하기만 한다면……."

> 의무이다. 그런데 여기에는 전제조건이 있다. 곧 기업가가 보편적인 도덕률과 법률을 준수하는 것이다. 물론 이런 도덕률과 법률에 대한 준수는 모든 사람들에게 요구되는 것이기도 하다. 그런데 기업가가 이 도덕률과 법률을 지키지 않는다면 그는 어떤 갈등 상태에 빠지게 될 것이다. 반면 그것들을 지키기만 한다면 그의 영리활동은 그 자체로 최상의 도덕적 의무가 될 것이다.[10]

우리는 기업가의 명령법에 관한 이런 논증으로부터 이윤원칙을 강조하기 위한 전략, 곧 물적 강제의 논리를 읽어낼 수 있다. 이 논증은 기업들이 경쟁의 조건 아래 놓여 있다는 사실을 강조한다. 따라서 윤리적 관점이 '경제적 명령'을 희생시키게 되는 경우 기업들은 경쟁력을 상실하지 않기 위해 윤리적 관점을 결코 고려할 수 없다는 것이다. 이런 의미에서 이 논증은 시장경제 안에서 도덕의 결정적 자리가 개별 기업이 아니라 시장의 테두리질서라고 주장한다. 이런 주장은 기업들이 그것을 절대화하지 않고 자신에게 부여된 책임으로부터 벗어나려는 목적을 가지고 그것을 오용하지 않는다면, 철저하게 옳은 것일 수 있다. 반대로 기업들이 이런 주장을 절대화하고

10_ Gerd Habermann, Teilen oder produzieren? Bemerkungen zum Ethos des Unternehmens, in: Neuer Zürcher Zeitung, Nr. 211 v. 11./12. September 1993, 31 이하. 하베르만의 입장에 대한 비판에 관해서는 Peter Ulrich, Zwei Ebenen unternehmerischer Verantwortung. Eine Replik auf Gerd Habermanns produktivistischen Imperativ, in: Neuer Zürcher Zeitung, Nr. 232 v. 6. Oktober 1993, 39를 참조할 것. 페터 울리히의 비판에 대한 재비판에 관해서는 Gerd Habermann, Kein Bedarf nach einer neuen Unternehmerethik, in: Neuer Zürcher Zeitung, Nr. 249 v. 26. Oktober 1993, 35를 참조할 것.

자기 책임에서 벗어나려는 목적으로 그것을 내세운다면 이는 경제적 테두리질서를 통해 이윤원칙을 지속적으로 관철시키는 결과를 초래하게 될 것이다. 이런 문제점을 드러내고 있는 대표적인 사례로는 경제윤리학자, 더 정확히 말해서 도덕경제학자인 카를 호만Karl Homann, 1943~의 이론적 기획을 들 수 있다.

> 장기적인 이윤 극대화는 (중략) 기업이 대중에게 미안해하며 누릴 특권이 아니다. 오히려 그것은 기업의 도덕적 의무이다. 왜냐하면 적절한 경제적 테두리질서 아래서 기업의 장기적인 이윤 극대화는 소비자를 비롯한 모든 이들의 복리 증진에 매우 적절하게 기여할 수 있기 때문이다.[11]

하지만 호만의 이런 주장은 옳지 않다. 왜냐하면 우리 가운데 대부분은 단지 (가격이 저렴한 생산품을 선호하는) 소비자일 뿐만 아니라 (좋은 노동 조건과 적정한 임금을 희망하는) 노동자이기도 하기 때문이다. 그리고 동시에 (제대로 형성된 국가질서를 추구하는) 시민이기도 하기 때문이다. 그런데 문제는 이런 다양한 역할들 간에 갈등이 야기될 수박에 없다는 데 있다. 나아가 이보다 더 결정적인 문제는 기업의 자유가 3장에서 서술한 시민의 자유와 마찬가지로 적절한 테두리질서에 의해 제한되지 않는다는 데 있다. 호만의 경우 기업의 자유

11_ Karl Homann/Franz Blome-Dres, Wirtschafts- und Unternehmensethik, 38 이하, 51.

와 책임이 동전의 양면을 이루게 된다. 그런데 상당히 비판적일 수밖에 없는 여론 앞에서 경영진의 영업 전략은 모든 관련 당사자들에 대해 철저하게 책임적이어야 한다. 그리고 경영진은 물적 강제의 논리를 내세우거나 경쟁이 자동적으로 공공의 복리를 증진시킨다고 주장하면서 모든 관련 당사자들에 대한 자신의 책임을 완수했다고 착각해서는 안 된다. 노벨상을 받은 군나르 뮈르달Gunnar Myrdal, 1898~1987은 50여 년 전에 이런 호만식의 사고방식을 경제적 자유주의의 공산주의적 픽션으로 규정했다.[12]

이윤원칙이 공공의 복리 증진으로 이어진다는 주장이 지닌 허구성은 단순한 논리적 사고를 통해 밝혀질 수 있다. 앞으로 소개할 내 입장은 이윤 추구가 지닌 가치 지향성이 아니라 모든 관련 당사자들의 개별적 이해관계들을 고려한다. 그러나 이윤 극대화를 법칙화하는 입장은 관련 당사자들의 도덕적 권리를 비롯한 모든 가치들을 아무런 검토도 없이 이윤 극대화에 종속시켜버린다. 그러면서 현재 성립된 가치들의 위계질서에 대해 윤리적인 성찰을 가하지 않는다. 다른 모든 진지한 윤리적 기획들과 마찬가지로 기업윤리도 윤리적 정당성과 기업의 이윤 추구를 연결시키려고 한다. 다시 말해서 기업윤리는 모든 사람들의 입장을 공평하게 대표할 수 있는 선한 근거들에 입각해서 기업의 이윤 추구를 도덕적으로 재가하려는 시도라고 할

12_ 이에 관해서는 Gunnar Myrdal, Das politische Element in der nationalökonomischen Doktrinbildung, 2. Aufl., Bonn-Bad Godesberg 1976, 48, 113, 135 이하, 그리고 이 책의 1장 Ⅳ, 2장 Ⅱ, 3장 Ⅱ를 참조할 것.

수 있다.[13] 이런 기업윤리적인 성찰로부터 다음과 같은 이중적 결론이 도출된다.

첫째, 철저한 이윤 극대화는 기업의 정당한 활동 방향성이 될 수 없다. 왜냐하면 그것은 기업의 도덕적인 의무를 배제하기 때문이다.

둘째, 정당한 이윤 추구를 지향하는 기업은 모든 관련 당사자들에 대한 책임을 의식하면서 도덕적으로 자신을 제한한다.

이렇게 보면 도덕적인 근거를 갖춘 이윤원칙은 존재하지 않는다. 이윤원칙은 시장경제에서 유용한 하나의 동기일 뿐 기업가가 지닌 최상의 도덕적 의무는 아니다. 오히려 이데올로기적으로 축소되지 않은 제대로 된 기업윤리의 핵심 메시지는 '기업의 이윤 추구는 기업윤리적인 성찰의 대상일 뿐 결코 윤리적 표준이 될 수 없다'는 사실이다. 따라서 기업은 자신의 가치 창조에 대한 다양한 관점들에 직면해서 윤리적인 차원에서 이윤 추구보다 우선순위를 갖는 것이 무엇인지를 항상 숙고해야 한다. 특히 다른 시민들과 마찬가지로 기업도 자본가를 비롯한 모든 관련 당사자들의 정당한 요구와 도덕적 권리를 존중할 의무를 지닌다. 따라서 이윤원칙은 그저 하나의 원칙에 불과하다고 할 수 있다.

13_ 관점들의 교환 가능성과 공평성을 검토할 수 있는 표준적인 사고실험인 역할교환에 관해서는 4장 II를 참조할 것.

Ⅲ.
불충분한 기업윤리의 두 가지 형태

이윤원칙에 부분적으로 의존한 시도들

다행스럽게도 경제주의적 관점에서 엄격한 이윤원칙에 집착하는 것을 구시대적이고 설득력이 없는 입장으로 이해하는 흐름이 생겨나고 있다. 수십 년 전부터 기업의 사회적 책임을 수용하는 분위기가 강해지고 있다. 그럼에도 대개의 사상사적 전개가 그러하듯이 아무리 새로운 기업윤리적 입장이라고 하더라도 처음부터 과거의 관점을 완전히 떨쳐내기는 어렵다. 현재 대부분의 기업윤리들에서 이윤원칙 혹은 그것의 발전적 형태인 주주가치 원칙과의 결별은 피상적으로만 이루어지고 있다. 실제로 그것들은 이윤원칙과 관련된 경제주의적인 형식적 목적에 부분적으로 의존하고 있다. (따라서 이런 형식적 목적과 비판적으로 대결하는 작업은 의미 있는 것이 아닐 수 없다.)

이윤원칙을 극복하지 못한 불충분한 기업윤리들은 크게 두 가지로 나눌 수 있다. 하나는 이윤 사용의 측면만을 기업에서의 도덕의 자리로 고려하는 기업윤리이며, 다른 하나는 이윤 획득의 측면만을 기업에서의 도덕의 자리로 간주하는 기업윤리이다[18].

첫째, 이윤 사용만이 기업에서의 도덕의 자리로 간주되는 경우 자선적 기업윤리가 생겨난다. 자선적 기업윤리는 영리 추구의 측면을 약화시키면서 기업윤리를 기부윤리로 이해한다. 여기서 기부윤리란 기업으로 하여금 도덕적으로 선한 일에 자신의 이윤을 사용하도록 하는 윤리를 의미한다. 저명한 독일 경영학자 디터 슈나이더Dieter

Schneider는 다음과 같이 이야기한다.

> 이윤을 획득한 자만이 선한 목적을 실현시킬 수 있다.[14]

여기서 기업이 선한 일을 많이 할 수 있기 위해서는 경영학적인 논리에 따라 가능한 한 많은 이윤을 획득해야 한다. 자선적 기업윤리는 이런 논리를 가지고 이윤 극대화의 목적을 살릴 수 있고 창출된 이윤을 분배하라는 대중의 윤리적 요구를 잠재울 수 있다. 분명한 것은 이윤이 선한 일보다 우선성을 갖는다는 사실이다. 이런 입장은 미국의 기업윤리학계에서 표준적인 것으로 받아들여지고 있다.

> 감당할 수 있는 여유가 있을 때 기업의 사회적 책임은 좋은 것이 된다.

18 불충분한 기업윤리의 두 가지 형태

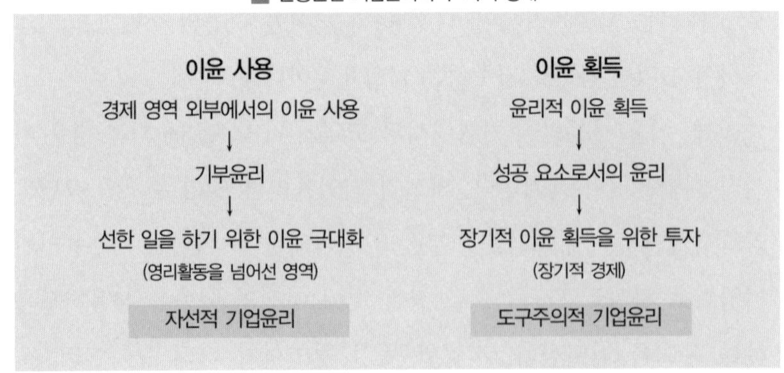

이런 기부윤리에서는 이윤 극대화의 방법과 목적이 윤리적으로 중립적일 수 없다는 사실이 희미해진다. 그런데 만일 어떤 투자자가, 자기 자본이 얼마나 인간적이고 사회적이고 정치적이고 생태적인 조건 아래서 증가되고 있는지를 검토하지 않은 채, 무조건적이고 무분별하게 자기 자본을 증대시키고자 한다면 이는 어리석은 일이 아닐 수 없다. 또한 그 투자자가 자기 자본을 증가시킨 후 그 이익을, 자신이 일방적으로 자본을 극대화하는 과정에서 초래한 사회적이고 생태적인 손상을 복구하는 데 사용하는 것도 어리석은 일이 아닐 수 없다.

둘째, 이윤 획득만이 기업에서의 도덕의 자리로 간주되는 경우 도구주의적 기업윤리가 생겨난다. 이때 윤리는 기업의 장기적인 성공을 보장하기 위해 투입된 전략적인 성공 요소에 불과하게 된다. 이런 기업윤리 형태를 제시하는 학자가 '지속 가능한 성장을 위한 노바티스 재단'을 이끌고 있는 클라우스 라이징거Klaus Leisinger, 1947~이다. 그는 진지하게 기업윤리적인 사회 공헌을 시도하고 있음에도 불구하고 다음과 같이 이야기한다.

> 현재 가능하지만 윤리적으로 의심스러운 이윤을 포기하는 것은 장

14_ Dieter Schneider, Unternehmensethik und Gewinnprinzip in der Betriebswirtschaftslehre, in: Schmalenbachs Zeitschrift für betriebswirtschaftliche Forschung 42(1990), 870. 이 논문의 내용에 대한 평가에 관해서는 Peter Ulrich, Schwierigkeiten mit der unternehmensethischen Herausforderung, in: Schmalenbachs Zeitschrift für betriebswirtschaftliche Forschung 43(1991), 529~536을 참조할 것. 또한 뒤에 이어지는 기업윤리 모델들에 대한 체계적인 서술과 비판에 관해서는 Peter Ulrich, Integrative Wirtschaftsethik, 416 이하를 참조할 것.

기적인 시장 점유, 매출 그리고 이윤을 높이기 위한 투자 활동이라 고 할 수 있다. 그리고 이런 투자 활동은 기업의 미래를 보장하는 수단이 된다.[15]

여기서 윤리의 고유한 가치는 전면에 등장하지 않고 그것의 경영 전략적인 기능이 강조되고 있다. 이런 사고방식은 긴 논증이 시도될 필요도 없이 다음과 같은 짧고 적확한 영어 문장으로 표현될 수 있다.

Sound ethics is good business in the long run(긴 안목으로 보면 건전한 윤리가 좋은 비즈니스다).

경영진의 기업윤리적인 사고방식에 관한 연구서들에 따르면 독일, 스위스, 프랑스 그리고 미국에서 응답자의 98퍼센트 이상이 위의 명제에 찬성한 것으로 나타났다.[16] 도덕적인 관점에 대한 고려 sound ethics가 장기적인 경영 측면에서 탁월한 효율을 가져온다good

15_ Klaus M. Leisinger, Nicht alles Legale ist auch legitim, in: Übersee Rundschau, 41(1989), Nr. 162, 45. 같은 맥락에서 라이징거는 "도덕이 자본을 가져온다"고 주장한다. 이런 주장에 관해서는 Klaus M. Leisinger, Unternehmensethik. Globale Verantwortung und modernes Management, München 1997, 175 이하를 참조할 것.

16_ 이에 관해서는 Peter Ulrich/Ulrich Thielemann, Wie denken Manager über Markt und Moral? Empirische Untersuchungen unternehmerischer Denkmuster im Vergleich, in: Josef Wieland(Hrsg.), Wirtschaftsethik und Theorie der Gesellschaft, Frankfurt a. M. 1993, 54~91, 특히 77 이하. Peter Ulrich/Ulrich Thielemann, Ethik und Erfolg. Unternehmensethische Denkmuster von Führungskr?ften-eine empirische Studie, Bern/Stuttgart/Wien 1992를 참조할 것.

business in the long run는 명제는 이윤원칙과 도덕원칙이 원칙적으로 조화될 수 있다는 사실을 함축한다. 여기서 기업윤리와 장기적인 경영은 일치하는 것이다.

그러나 이것은 앞에서 언급한 바와 같이 니르바나 경제이다. 이윤원칙과 도덕원칙이 이와 같이 조화되는 것이라면 시장에서 장기적이고 지속적으로 성과를 내는 것 자체가 윤리적인 내용을 포함한다는 결론에 도달하게 된다. 그러나 도덕적인 태도는 경영학적으로 계산하지 않으며 경영학적인 근거가 아닌 기업윤리적인 근거에 기초한 자기 제한을 시도한다. 바로 이 지점에서 도구주의적인 기업윤리는 제대로 기능할 수 없게 된다. 도구주의적인 기업윤리에 따르면 윤리가 스스로를 계산한다는 것이 윤리의 결정적인 조건이며 특징이 된다. 그러나 이처럼 조건적인 윤리는 윤리일 수 없다. 왜냐하면 조건적인 윤리는 상황에 따라서 다른 사람들의 인간적인 자기 가치, 존엄성 그리고 기본권을 무조건적으로 존중해야 한다는 정언명령을 훼손시키기 때문이다.[17] 이런 맥락으로부터 경영논리에 대한 윤리의 원칙적 우선성이 도출되는데 이는 다음과 같이 정식화될 수 있다.

'윤리적 원칙을 가지고 있는 사람은 이윤원칙에 지배당할 수 없다.'

17_ 이에 관해서는 3장 II, 특히 표 4를 참조할 것. 정언명령에 대한 상세한 설명에 관해서는 Peter Ulrich, Integrative Wirtschaftsethik, 67 이하를 참조할 것. 도구주의적인 기업윤리를 옹호하는 어떤 시도도 도덕원칙의 범주적 요구와 연결되지 않는다. 이런 도구주의적인 기업윤리적 시도에 관해서는 Josef Wieland, Die Ethik der Governance, Marburg 1999, 782 이하를 참조할 것.

Ⅳ.
통합적 기업윤리
좋은 시민으로서의 기업

이윤만을 추구하려는 기업의 동기를 저지하고 자극 및 조정 수단으로서의 경제질서를 통해 이윤 추구를 강화하려는 기업의 시도에 저항하기 위해서는 도덕적으로 제한된 이윤 추구를 정당한 이윤 추구로 간주하는 자세를 갖추는 것만으로는 불충분하다. 이보다 더 중요한 것은 기업들이 4장에서 언급한 보편적 경제시민윤리의 콘텍스트 안에서 윤리적으로 통합된 경영을 지향하는 것이다. 나는 이를 '통합적 기업윤리integrative Unternehmensethik'로 지칭한다. 잘 지어진 건물이 단단한 기반 위에 세워져 있듯이 통합적 기업윤리도 철저하게 숙고되고 윤리적으로 형성된 경영원칙에 기초를 두고 있다.

도덕적으로 선한 시장의 테두리질서는 기업이 윤리원칙에 근거한 경영을 보다 용이하게 실현하도록 도와줄 수 있다. 그러나 이런 테두리질서가 형성되었다고 하더라도 기업의 윤리적인 자기 제한이 전혀 필요하지 않은 것은 아니다. 이와는 반대로 아무리 기업윤리가 잘 구축되어 있다고 하더라도 윤리적인 시장의 테두리질서가 전혀 불필요한 것은 아니다. 왜냐하면 이런 테두리질서가 형성되지 않은 상태에서 기업들이 기업윤리를 수용할 경우 극심한 경쟁 상황으로 인해 시장에서 도태될 수 있기 때문이다. 이렇게 보면 제도윤리와 기업윤리는 서로를 배제하는 관계가 아니라 서로를 강화시켜주는 관계를 형성한다고 할 수 있다.

여기서 '서로를 강화시켜준다'는 사실을 강조할 필요가 있다. 윤리적으로 선한 테두리질서는 단순히 하늘에서 떨어지는 것이 아니다. 오히려 이런 테두리질서도, 정치를 또 다른 방식의 경영이라고 생각하며 자신의 소유를 위협할 수 있는 개혁을 저지하는 사회집단의 특수한 이해관계에 대항하며, 정책적으로 형성된다. 이런 사실을 염두에 두고 보다 냉정하게 생각해보면 질서 정책은 돈의 위력을 통해 생겨나는 발언권을 가지고 있는 정치적 세력의 구상보다 더 나은 것이 될 수 없다고 할 수 있다.

공화주의적 자유주의에서 내세우는 경제시민윤리의 관점에서 보면 통합적 기업윤리는 다음의 두 단계로 구성되어야 한다[19].

첫 번째 단계는 시장과 관련된 영업윤리의 단계이다. 이 단계에서는 기업이 시장에서 영업 통합성을 지니는 것, 즉 윤리적으로 통합된 경영 전략을 채택하는 것이 중요하다. 이런 영업 통합성은 사람들이 돈을 벌고자 하는 제조업 부문 혹은 서비스업 부문에서 윤리적

[19] 통합적 기업윤리의 두 단계

1. 첫 번째 책임의 단계 : 영업윤리

▶ **영업의 통합성**

의미를 제공하는 가치 창조의 사고

결합적인 영업원칙

통합경영 시스템

2. 두 번째 책임의 단계 : 공화주의적 기업윤리(기업시민정신)

기존의 경쟁 조건에 대한 비판적 문제제기

▶ **부문 정책적인 책임 및 질서 정책적인 책임**

윤리적으로 책임질 수 있는 표준을 위한

공정한 경쟁 조건을 위한

으로 의미를 제공하는 가치 창조의 사고를 포괄한다. 그리고 사람들이 고수하고자 하는 기본적인 영업원칙을 포함한다. 나아가 이런 영업 통합성은 기업의 매출을 위해 일관적인 통합경영 시스템을 필요로 한다(이에 관해서는 5장 Ⅴ에서 설명할 것이다).

두 번째 단계는 사회와 관련된 공화주의적 기업윤리의 단계다. 이 단계에서는 경영진에게 책임적이고 성공적인 경영을 강요하는 경쟁 조건의 질과 정당성을 확보하기 위한 부문 정책적인 책임, 질서 정책적인 책임, 사회 정책적인 책임이 문제가 된다. 개별 기업은 안으로는 자신에 속해 있는 산업 부문에서 벌어지는 경쟁의 윤리적 수준을 높이기 위해 하부정책적인[18] 노력을 기울일 필요가 있다. 나아가 밖으로는 테두리질서를 공공의 복리를 증진하는 방향으로 개혁하기 위해 진력해야 할 것이다.

공화주의적 기업윤리의 단계에서 기업가는 해당 기업윤리가 참된 것인지를 검토하게 된다. 어떤 기업가들은 윤리적으로 통합적인 경영 전략을 구사하면서 이런 검토 작업을 진지하게 수용하고 상당한 판단력을 구비하고 있다. 그런데 이런 기업가들은 자신이 속한 산업 부문에서 경쟁 조건을 윤리적으로 조성하는 일과 시장경제 안에서 테두리질서를 공공의 복리에 기여하도록 형성하는 일에 관심을 갖

18_ 여기서 하부정책이란 정책적으로 중요하지만 국가 정책의 하부에 놓여 있는 정책을 의미한다. 이에 관해서는 Ulrich Beck, Die Erfindung des Politischen. Zu einer Theorie reflexiver Modernisierung, Frankfurt a.M. 1993, 149를 참조할 것.

는다. 왜냐하면 그들은, 질서 정책적인 틀이 잘못 형성되어 덜 사회적이고 생태적인 경제주체가 더 많은 보상을 받는 상황이 전개되어서 원칙을 가진 기업가로서의 자신이 시장에서 아무런 이익도 얻지 못하는 처지에 떨어지는 것을 원치 않기 때문이다. 그런데 인간적이고 사회적이고 생태적인 책임을 감당하느라 실제의 기업 경영에서 많은 이익을 얻지 못하는 기업가는 법적인 책임을 더 많이 담당하기 위해, 다시 말해서 규칙을 더 윤리적으로 형성하기 위해 진력하는 경제주체라고 할 수 있다. 이런 기업가는, 그가 속한 기업연합회가 경쟁의 표준과 해당 산업 부문의 평판을 해치는 '골칫덩이들black sheep'에게 경고하고, 경우에 따라서는 그 회원 자격을 박탈하는 데 동의할 것이다.

이런 분리될 수 없는 두 가지 단계로 이루어진 기업윤리와 제대로 이해되고 공화주의적 자유주의의 관점에서 개념화된 기업시민정신은 확고하게 결합될 수 있다.

V.
기업 안에 조직된 책임성
통합경영의 구성 요소

앞에서 언급된 시장경제 안에 조직된 책임성을 구축하기 위한 노력은 개별 기업의 조직 안에서도 계속된다. 4장 Ⅳ에서 이미 서술된 바와 같이 책임의식을 지닌 경제시민은 위계질서를 갖추고 노동 분업적인 기업에 몸담고 있는 조직시민으로서 기능적 역할책임, 곧 성과책임과 시민책임 사이에서 기회주의적인 태도를 보일 수 있다. 따라서 기업윤리적인 측면에서 기업 내부적인 규칙을 제대로 세울 필요가 있다. 윤리적 관점이 조직 혹은 개별 경제주체에 의해 무시될 우려가 있을 때, 그리고 시민적 용기를 발휘하게 하고 이의를 제기할 때, 개개의 조직시민들은 직업상 어떤 불이익도 당하지 않으며 기업의 모든 분야에서 권리를 부여받고 능력을 제공받고 격려받을 수 있어야 한다. 이렇게 될 때 비로소 기업 내에서 통합 문화와 책임 문화가 성장할 수 있다.

그러면 이런 목적을 달성하기 위해 구체적으로 어떤 윤리적 조처가 취해져야 하는가? 통합적인 윤리 프로그램은 다음과 같은 여섯 가지의 필수적인 구성 요소들로 구성되어 있다.[19]

첫 번째 구성 요소는 잘 설명되고 분명한 근거를 가진 가치 창조의 임무다. 이런 임무의 진술을 통해 기업은 시장에서 자신이 충족시키는 인간적인 욕구 혹은 사회적인 요구를 분명히 정의하면서 자

19_ 이에 관해서는 Peter Ulrich, Integritätsmanagement und "verdiente" Reputation, in: io management, 70. Jg.(2001), Nr.1/2, 42~47; Bernhard Waxenberger, Integritätsmanagement. Ein Gestaltungsmodell prinzipiengeleiteter Unternehmensführung, Bern/Stuttgart/Wien 2001을 참조할 것.

신의 활동에 실천적 의미를 부여한다(임무 진술).

두 번째 구성 요소는 경영원칙이다. 경영원칙은 기업이 정당한 경영의 전략 및 방법을 구사하고 있음을 검증할 수 있는 형태로 표시된다. 또한 경영원칙은 공정한 경쟁규칙과 공공의 관심사를 위한 공화주의적 책임원칙을 포함한다(경영원칙 혹은 행동강령).

세 번째 구성 요소는 모든 이해 당사자들의 도덕적 권리이다. 조직시민으로서의 이해 당사자들, 특히 노동자들이 지닌 분명히 정의되고 보장된 도덕적 권리는, 침해될 수 없는 이해 당사자들의 권리를 강화하고 그들로 하여금 가능한 한 개방되고 권력과 제재로부터 자유로운 기업윤리적인 담론에 참여하도록 해준다(이해 당사자 권리선언).

네 번째 구성 요소는 담론적 인프라이다. 담론적 인프라는 조직 내에서 기업 활동과 관련된 책임과 요구의 문제를 논증적으로 해명하는 공간을 제도화한다. 그런데 이런 해명공간은 제재로부터 자유롭고 그 결과를 미리 결정하지 않는다(기업윤리 포럼, 윤리위원회 등).

다섯 번째 구성 요소는 윤리성 함양 교육이다. 윤리성 함양 교육은 노동자들로 하여금 기업의 통합 문화와 책임 문화를 지속적으로 가꾸도록 하면서 모든 영역에서 자신의 능력을 강화하고 자율적으로 윤리적 성찰을 시도하도록 유도한다. 이때 고위 경영진이 이런 문화들을 돌보는 데 모범을 보일 필요가 있다(윤리의식 훈련).

여섯 번째 구성 요소는 경영 시스템의 검토 및 보완이다. 기존의 경영 시스템(목표 설정, 인센티브 제공, 업무 능력 평가 등)을 검토하고 보완하는 것은 해당 기업으로 하여금 윤리적 지향성을 분명하게 확인하고 정해진 원칙과 표준을 지키도록 인도한다(준수 프로그램).

이런 포괄적인 통합경영 모델은 개별 기업의 특수성을 고려한 학습 과정으로 구체화될 필요가 있다. 다행스럽게도 최근 들어 점점 더 많은 기업들이 이런 학습의 길로 들어서고 있다. 그리고 이런 기업들 가운데 대부분이 수익성이 낮은 기업이 아님이 드러나고 있다.

그런데 기업들이 이런 수준 높은 길을 선택할 필요가 있을까? 이 물음에 대한 답변은 관련 당사자들이 어떤 형태의 기업을 원하는가에 달려 있다. 관련 당사자들이 자기가 속한 기업을 좋은 기업시민, 곧 통합적이고 가치 창조적인 경영을 통해 경제적 성과와 사회적 명성을 얻는 좋은 시민으로 이해하고 있다면 이런 길을 선택하는 것은 적절한 태도가 아닐 수 없다.

6

테두리질서들 사이의 경쟁인가 아니면 글로벌 경쟁을 위한 테두리질서인가?

세계경쟁윤리

오늘날 세계화란 단어는 감정을 자극하는 표현이다. 근자에 와서 시장의 세계화를 둘러싸고 신념 투쟁이 일어나고 있다. 한쪽에서는 세계화를 우리에게 생겨날 수 있는 최상의 것이라고 간주하는 반면 다른 한쪽에서는 그것을 수치스러운 것으로 이해하고 있다. 시애틀과 제노바에서 개최된 WTO 회의와 다보스에서 열린 세계경제포럼 World Economic Forum, WEF은 갈등의 상징이 되어버렸다. 그래서 세계경제의 자유화를 지향하는 이런 프로그램들은 역설적이게도 철조망이 쳐진 공간 안에서 개최되고 있다. 물론 이런 프로그램들에서는 많은 세계관들, 많은 권력들, 많은 이해관계들에 관한 논의가 진행되고 있다. 그런데 우리가 1장에서 살펴본 바와 같이 기존의 한계를 돌파해야만 하는 시장의 논리는 만인에게 공평하지 않고 상당히 편파적이다. 2장에서 언급된, 시장의 논리가 약속하는 진보와 3장에서 서술된, 자유로운 세계경제의 주창자들이 의도하는 자유는 시장형이상학적인 가정이나 신념에 근거해 있다. 그런데 이런 가정이나 신념은 경제윤리적 입장에서 해명될 필요가 있다.

우선적으로 우리는 세계화를 둘러싸고 벌어지고 있는 신념 투쟁에 관해 살펴볼 것이다(Ⅰ). 이어서 세계화가 정치권력과 관련해서 어떤 방식으로 기능하고 있는가를 논의할 것이다(Ⅱ). 그런 다음 개인적 삶과 사회에 봉사하는 이상적인 질서 정책을 구상해볼 것이다(Ⅲ). 그러고 나서 이런 질서 정책으로부터 도출되는 이성적인 세계화 정책을 조망할 것이다(Ⅳ). 마지막으로 새로운 시대에 요구되는 세계경제시민의식의 변화에 관해 서술할 것이다(Ⅴ).

Ⅰ.
신념 투쟁 가운데 있는 세계화

세계화는 시장들 간의 경계를 해체시키면서 경제와 사회, 그리고 정치의 관계를 포괄적으로 변화시키는 과정으로 정의될 수 있다. 그런데 이런 과정의 진행은 날씨와 같이 자연스러운 현상이 아니라 의도적인 정책의 결과물이다. 따라서 세계화의 객관적인 성과에 관해 묻는 것만으로는 충분치 않다. 오히려 세계화는 이데올로기 비판적인 분석과 윤리적이고 정책적인 방향 수정을 필요로 한다. 현재 세계화가 진행되고 있는 것은 누군가가 정책, 곧 세계화 정책을 구사하기 때문이다. 그런데 누가 어떤 이해관계에서 누구에게 손해를 입히고 누구에게 이득을 주면서 세계화를 추진하고 있는가? 그리고 윤리적으로 이성적인 세계화 정책은 어떤 이념을 추구해야 하는가?

세계화는 근자에 들어 처음 생겨난 새로운 현상이 아니다. 이미 1844년에 카를 마르크스와 프리드리히 엥겔스가 〈공산당선언Manifest der Kommunistischen Partei〉에서 세계화에 관해 언급했다.

> 부르주아들은 언제나 더 많은 매출을 올리기 위해 전 세계를 누비고 있다. 그들은 도처에서 집을 짓고 경작하고 서로 연결한다. 그들은 세계시장에서의 착취를 통해 모든 나라의 생산과 소비를 세계주의적으로 실현한다. (중략) 그들은, 자신이 몰락하지 않기 위해서 모든 민족들로 하여금 부르주아적 생산 방식을 채택하도록 강제한다.[1]

반反세계화 운동, 더 정확히 말해서 다른 방향의 세계화를 추구하는 운동은 다시 정치가 세계경제에 개입하는 상태를 지향한다. 여기서 중요한 문제는 시장과 정치의 관계를 재정립하는 것이다. 세계화는 국제적인 산업입지 경쟁을 통해 정치를 시장의 효율성에 종속시키게 만들기 때문에 좋은 것인가? 아니면 세계화는 시장에 대한 정치의 우선성을 정반대로 바꾸어버리기 때문에 나쁜 것인가?

세계화가 날씨와 같이 수용되어야만 하는 변경될 수 없는 사실이라면 그것을 구원의 약속으로 믿는 이들과 악마적 행위라고 믿는 이들 간의 신념 투쟁은 생겨나지 않을 것이다. 그런데 실제로 많은 사람들이 세계화를 변경될 수 없는 사실로 받아들이고 있다. 언뜻 보면 세계화는 어느 누구에 의해서도 통제될 수 없는 자연 그대로의 현상, 곧 자연스러운 물적 강제처럼 보인다. 그러나 따지고 보면 세계시장에 대한 이런 "심의판결의 부재"[2]는 변경될 수 있는 의도적 정책의 결과물이다.

그런데 이러한 심의판결의 부재를 추구하는 사람은 물적 강제가 중요하다는 확신을 가지고 있다(이에 관해서는 1장 Ⅳ를 참조할 것). 물적 강제로서의 세계화는 허구적인 시장형이상학적 공공복리의 증진을 약속한다. 다시 말해서 자유로운 세계시장의 보이지 않는 손이 만인에게 이로운 상황을 가져다준다는 것이다. 세계시장의 물적 강

1_ Karl Marx/Friedrich Engels, Das Manifest der kommunistischen Partei, in: Marx-Engels-Werke Bd. 4, Berlin 1972, 465 이하.

2_ Ulrich Thielemann, Das Prinzip Markt. Kritik der ökonomischen Tauschlogik, Bern/Stuttgart/Wien 1996, 302.

제가 지닌 이로움을 강조하기 위해 세계화 주창자들은 그것을 방해하는 경제 정책과 사회 정책을 불가능하고 불필요한 것으로 비판하면서 이런 정책들을 몰아내려고 한다.

여기서 결정적으로 중요한 점은 세계화를 둘러싼 논쟁에서 다른 모든 경제윤리적인 주제들에서와 마찬가지로 윤리 외부적이고 가치중립적인 경제적 논리가 윤리와 대립하지 않는다는 사실이다. 정작 대립되는 것은 서로 다른 세계관이 깔려 있는 두 가지의 규범적인 입장들이다. 그 가운데 한 입장은 이른바 가치중립적인 경제논리에 기초하고 있다. 이 입장은 세계화를 내세우며 경제적인 영리 추구의 동기를 도덕적으로 조절하는 방식을 배제하고 시장경제 체제의 역동성을 살리기 위해 그것에 대한 규제를 풀어주는 것을 경제적 자유라고 지칭한다. 하지만 이는 이데올로기적인 물적 강제의 레토릭에 불과하다. 특히 경쟁에서 밀려난 수많은 경제적 패배자들에게는 더욱 그러하다. 1990년대에 자본의 이해관계가 모든 제약으로부터 실질적으로 독립되었다는 사실에 의해 고무된 시장급진주의자인 신자유주의자들은 큰 소리로 신에게 찬양하고 있다. 그들이 부르는 가스펠송의 가사는 다음과 같을 것이다. '오 자유로운 산업입지 경쟁이시여, 찬양받으소서. 당신은 그 무시무시한 정치의 개입을 무찌르셨습니다. 할렐루야!'

여기서 중요한 포인트는 정치의 무장해제이다. 규제되지 않은 글로벌 시장에서의 무한경쟁은 개인적 경제주체들뿐만 아니라 국가들로 하여금 효율적인 자본 사용을 위한 조건을 고려하도록 강제한다.

그러면서 행복을 가져온다고 선전하는 산업입지 경쟁을 완성한다. 그런데 이런 산업입지 경쟁은 시장에 대한 각 나라의 테두리질서들 간의 경쟁으로 이어진다. 세계화를 선호하는 사람들은 시장에 대한 정치의 우선성을 시장의 물적 강제를 통한 정치의 순치로 전환시킨다. 그러면서 그들은 이런 전환을 문제점으로 인식하지 않고 오히려 모든 문제의 해결책으로 이해한다. 다시 말해서 이런 전환을 글로벌 시장의 구원책으로 받아들이는 것이다. 그렇다면 정치에 대한 시장의 우선성을 관철시키려는 세계화는 과연 어떻게 기능하고 있는가?

II.
세계화는 어떻게 기능하고 있는가?

처벌하는 금융시장의 신

정치와 시장의 관계에서 이런 전환은 어떻게 이루어졌는가?

정보통신 기술의 인프라가 세계 에 존재하는 모든 증권거래소들의 시황을 실시간으로 보도하는 것을 가능하게 한 이후, 세계화가 구원을 가져다준다는 이론적 모델에 근접하는 하나의 시장이 성립되었다. 곧 글로벌 금융 및 자본시장이 그것이다.[3] 이런 시장이 성립하게 된 데에는 정보통신 기술의 발달 외에 자본의 이동성이 작용했다. 자본(물론 그 뒤에는 이해관계를 가진 개인과 금융기관이 존재한다)은 이동성이 가장 강한 생산 요소이다. 그리고 자본은, 국제적인 경제 조건들이 투자자의 위험률 계산과 수익률 계산에 영향을 미치는 한, 경계심 많은 노루처럼 이런 조건들에 가장 민감하게 반응한다. 물론 자본이 선호하는 경제 조건은 자유로운 조건, 즉 갈등이 없고 거래비용이 저렴하고 많은 이윤을 가져다주는 조건이다. 반대로 자본이 혐오하는 경제 조건은 임금, 임금 부대비용, 인프라 구축비용, 이자비용 그리고 세금이 증가하는 조건이다. 자본에 유리한 조건이 조성될 경우 많은 자본이 들어오지만 불리한 조건이 조성될 경우에는 대규모 자본 이탈이 발생한다. 그런데 이런 자본이동의 변덕스러움은 모든 관련자들을 상당한 정도로 규율한다. 나아가 그것은 재화

3_ 일반적으로 금융시장이란 주식시장, 자본시장 그리고 단기금융시장을 포괄하는 상위개념으로 사용되고 있다. 하지만 여기서는 편의상 금융시장과 자본시장을 구분하지 않은 채 사용하고자 한다.

와 서비스를 생산하는 실물경제에, 그리고 경제 정책과 통화 정책을 담당하는 정부 부처에도 영향을 미친다.

먼저 기업은 대규모 기관투자가들(연기금, 보험회사, 투자회사 등)에 의해 규율된다. 어떤 회사의 주가가 국제적으로 비교해볼 때 상승률이 낮을 경우 해당 기관투자가들은 곧바로 이 회사의 주식을 매도해 버린다. 그럴 경우 이 회사의 주가는 떨어지게 되어 그 경영자의 위치가 불안해질 뿐만 아니라 적대적 합병의 대상이 된다. 그러면서 결국 회사의 존립이 어렵게 된다. 이런 이유에서 회사들은 어떤 희생을 치르고서라도 주주가치를 높게 유지하기 위해 노력한다.[4] 그러고 보면 이런 중심적 경제주체들은 경제 흐름의 희생자인 동시에 주도자라고 할 수 있다.

경제 정책과 통화 정책을 담당하는 정부 부처들도 국제적인 환투기의 가능성에 의해 규율된다. 미국의 경우를 제외하고 이런 정책들을 구사하는 정부 부처들은 인플레이션을 억제하고 투자 유치에 유리한 금리 수준을 유지하기 위해 자국 통화의 안정화를 강요당한다. 산업에의 투자와 그로 인한 새로운 일자리의 창출은 투자 자본에 우호적인 경제 정책의 시행 여부에 달려 있다. 자본을 투자한 국가의 미래가 조금이라도 어두워지거나 다른 나라의 경제 조건이 그 국가의 경제 조건보다 더 좋아지게 될 경우 글로벌 금융시장은 마치 그리 공평하지 않은 가상적 세계재판관처럼 해당 국가를 하룻밤 사이

4_ 주주가치란 개념에 관해서는 5장 II를 참조할 것.

에 처벌한다.[5] 이런 금융처벌의 대표적인 사례로 금융시장이 과도하게 예민해졌던 1998년의 아시아경제위기를 들 수 있다.

세계화를 구원의 약속으로 믿고 있는 이들이 개별 국가경제에 대한 글로벌 금융시장의 지배를 얼마나 숙명론적으로 수용하고 있는지, 그리고 이런 지배 뒤에 오래된 유사 종교적인 형이상학이 얼마나 많이 숨어 있는지에 관해 미국의 저명한 경제학자 폴 크루그먼Paul Krugman, 1953~은 다음과 같은 빈정대는 말로 이야기하고 있다.

> 글로벌 자본시장은 우리에게 벌을 내린다. 그리고 그것은 처벌의 이유를 이미 알고 있다.[6]

상과 벌을 주는 금융의 신은 개별 국가들이 구사하는 질서 정책의 기반을 박탈한다. 세계화는 내적인 측면과 외적인 측면에서 개별 국가들이 구사하는 경제 정책의 종언을 가져온다. 어떤 방식으로 내적인 측면에서 경제 정책의 종언이 초래되는지는 충분히 관찰되지 않는다. 그래서 여기서는 간단하게 설명하고자 한다. 수출 지향적인 기업들은 자신들의 영향력 있는 연합 단체를 통해 정치로 하여금 엄

5_ 이에 관해서는 Thomas Maak, Globalisierung und die Suche nach den Grundlagen einer lebensdienlichen Weltökonomie, in: Thomas Maak/York Lunau(Hrsg.), Weltwirtschaftsethik. Globalisierung auf dem Prüfstand der Lebensdienlichkeit, 2. Aufl., Bern/Stuttgart/Wien 2000, 19~44, 특히 25를 참조할 것. 시장논리의 불공평성에 관해서는 1장 Ⅳ를 참조할 것.

6_ 이 인용문의 본래 출처는 알려지지 않고 있다.

청난 국제적 경쟁 압력을 느끼도록 유도한다. 그래서 세계적으로 활동하는 초국적 기업들, 곧 글로벌 플레이어들은 자신의 이해관계를 자기가 원래 속해 있던 본국의 시민들이 가지고 있는 경제적 이해관계와 결부시키지 않는다.

이런 기업의 초국적화가 초래하는 국내 정책적인 결과는 파멸적이다. 과거에는 거대 기업들이 매출의 상당한 부분을 본국 시장에서 올렸기 때문에 그들은 본국에서 지출하는 비용을 낮추는 것뿐만 아니라 국내 시장의 수요를 늘리고 본국 시민의 복리를 증진하는 것에도 관심을 가졌다. 그리고 그 경영진들은 국가시민으로서 자신이 본국과 연대적으로 결합되어 있다고 느꼈다. 나아가 이런 것들이 거대 기업의 경영진들로 하여금 국내 경제의 순환 구조를 고려하면서 자기 기업을 경영하도록 동기를 부여했던 것이다. 전후 황금기에는 고용주 측에서 이런 사회민주주의적인 합의를 유지해나갔다.[7] 반면 오늘날 글로벌 기업들에게 본국의 판매시장은 본국에 소재하고 있는 기업 본부를 유지하기 위한 비용 지출보다도 훨씬 덜 중요하다. 그래서 글로벌 기업들은 본국의 경제적 수요가 증가되는 것보다 본국의 임금과 세금이 낮게 유지되고 그 경제 조건이 그리 많은 비용을 유발하지 않도록 형성되는 것에 더 큰 관심을 갖는다. 예를 들어 세계적인 식품 회사인 네슬레Nestle의 경우 본국 스위스에 기업의 중심 부서들이 위치하고 있지만 전체 매출의 약 99퍼센트를 스위스 밖에

7_ 이에 관해서는 Ralf Dahrendorf, Lebenschancen, Frankfurt a.M. 1979, 147 이하를 참조할 것.

서 올리고 있다.[8]

초국적 기업들은 자신들이 보기에 낡아빠진 국가적 연대성을 점점 더 강하게 거부하고 있다.[9] 전 GM 회장이 내건 유명한 슬로건은 "GM에게 좋은 것은 미국에게도 좋다"이다. 그러나 이제 이런 슬로건은 더 이상 유효하지 않게 되었다. GM, 네슬레, UBS, 지멘스에 유익한 것이 미국, 스위스, 독일에까지 유익할 필요는 없다. 요즘 글로벌 플레이어들은 산업 시설을 비용이 적게 드는 외국으로 이전하면서 본국의 경제 정책과 조세 정책을 자기에게 유리한 방향으로 수립하도록 본국 정부에 커다란 압력을 행사한다. 그러면서도 그들은 본국의 사회 정책적 문제와 환경 정책적 문제, 그리고 공공적 문제에는 관심을 기울이지 않는다. 근자에 들어 선진국들도 이전에 대부분의 개발도상국들이 겪어야 했던 문제에 직면하고 있다. 곧 글로벌 경제 통합의 대가로 초래되는 사회 내부적 해체 문제가 그것이다.[10]

그런데 이런 비판이 단순히 세계화에 대한 좌파적 입장이라고만 보기는 어렵다. 때로 지도적인 경제 인사들도 이런 시각을 드러낸다. 일례로 아세아 브라운 보베리Asea Brown Boveri, 이하 ABB의 회장 페르

8_ 네슬레의 경영 보고서에 따르면 2000년 한 해 총매출액이 814억 스위스 프랑이었는데 그 가운데 본국 스위스에서 올린 매출액은 전체의 1퍼센트 정도에 해당하는 9억 스위스 프랑인 것으로 드러났다.

9_ 이에 관해서는 Claus Koch, Die Gier des Marktes. Die Ohnmacht des Staates im Kampf der Weltwirtschaft, München/Wien 1995, 90을 참조할 것.

10_ 이에 관해서는 Dani Rodrik, Grenzen der Globalisierung. Ökonomische Integration und soziale Desintegration, Frankfurt a.M. 2000; Joseph E. Stiglitz, Die Schatten der Globalisierung, München 2003을 참조할 것.

쉬 바르네비크Percy N. Barnevik, 1941~은 다음과 같이 이야기하고 있다.

> 나는 세계화를 우리 기업이 원하는 장소와 시간에 투자하고, 원하는 지역에서 거래하고, 노동법과 사회적 타협에 근거한 규제를 지지할 수 있는 자유라고 정의하고 싶다.[11]

어떤 이유에서 금융기관들과 글로벌 플레이어들, 그리고 많은 경제 이론가들과 정치가들이 국내적인 경제 정책과 사회 정책의 의미 상실과 테두리질서들 간의 경쟁 심화를 동반하는 세계화에 대해 그토록 환호하는 것일까? 심지어 정치가들조차 자유로운 세계시장의 논리에 대한 정치의 우선성을 거부하고 있다는 사실을 어떻게 이해해야 할까? 이런 물음들에 대한 답변은 시장경제와 질서 정책에 대한 이들의 전前 이해에서 찾을 수 있다.

11_ Peter Niggli, Wenn Globalisierung zum Schimpfwort wird, in: Tages-Anzeiger(Zürich) vom 15. Januar 2001, 2에서 재인용. 바르네비크가 ABB를 궁지로 몰아넣으면서 상당히 잘못된 경영을 했다는 평판을 얻은 것은 이런 시각에서 보면 단지 우연에 불과한 것일까?

III.
좋은 시장경제를 형성하기 위한 세 가지 질서 정책적 구상들

어떻게 사람들은 시장의 논리에 대한 정치의 우선성이 상실된 상황을 무조건적으로 환영할 수 있을까? 시장에 대한 구舊자유주의적인 형이상학 때문이다. 이런 형이상학은 자유시장을 자연스러운 경제질서로 간주하면서 익명적 경쟁 뒤에 신의 보이지 않는 손이 존재한다고 주장한다.[12] 이런 주장은 세계화에 대한 낙관주의자들이 내세우는 하이에크식의 "발견 과정으로서의 경쟁"[13]으로 표현될 수 있다. 경쟁을 발견 과정으로 이해하는 입장에서 보면 "우리에게 닥친 문제들을 해결할 수 있는 방안이 어떤 것인지"[14]는 각 나라들의 문제 해결책들이 서로 경쟁하는 과정에서 찾을 수 있는 것이다. 세계시장은 전지全知한 헤겔식의 세계정신으로 기능한다. 이런 시장적 계시 이론은 인간의 실천이성에 대한 뿌리 깊은 불신과 연결된다. 특히 사회적 관계를 정치적으로 구성할 수 있는 인간 능력의 측면에서 보면 이 시장적 계시 이론은 프리드리히 아우구스트 폰 하이에크Friedrich August von Hayek, 1899~1992가 "구성주의"[15](이것의 가장 나쁜

12_ 이에 관해서는 2장 II를 참조할 것. 그리고 후술될 구자유주의, 신자유주의 그리고 질서자유주의의 구분에 관해서는 Peter Ulrich, Integrative Wirtschaftsethik, 337을 참조할 것.

13_ Friedrich August von Hayek, Der Wettbewerb als Entdeckungsverfahren, in: Friedrich August von Hayek, Freiburger Studien, Tübingen 1969, 249~265.

14_ Carl Christian von Weizsäcker, Logik der Globalisierung, 69 이하.

15_ Friedrich August von Hayek, Die Irrtümer des Konstruktivismus und die Grundlagen legitimer Kritik gesellschaftlicher Gebilde, Tübingen 1975.

형태가 사회주의다)라고 낙인찍고 "지식의 월권"[16]으로 인식한 요구와 관련된다. 그리고 여기서 구성주의나 지식의 월권은 제한된 능력을 가진 인간이 신보다 더 뛰어나게 세계를 조직할 수 있다는 이단적인 교만을 드러낸다는 것이다.

그러나 노벨경제학상을 받은 시장형이상학자 하이에크는 오래 전에 사망했다. 그래서 이제 우리는 구자유주의의 대표자를 거의 찾아볼 수 없다. 현재는 신자유주의가 주도권을 쥐고 있다. 그러면 신자유주의적인 질서 정책론은 글로벌 문제에 어떤 입장을 취하고 있는가? 먼저 주의해야 할 사항은 앞에서 드러나는 바와 같이 신자유주의가 구자유주의와 다르게 정치의 역할과 중요성을 지지한다는 사실이다(많은 사람들이 이 사실을 오해하고 있다)[20]. 따라서 신자유주의와 구자유주의를 동일시하는 것은 분명한 오류다. 이런 오류를 근거 삼아 신자유주의자들은 비판가들이 자신들의 경제적 입장을 잘못 이해하면서 상당 정도 왜곡시켰다고 비난하고 있다.[17]

이미 언급한 바와 같이 구자유주의자들은 창조질서 안에 있는 예정조화에 대한 믿음에 매달리고 있다.[18] 반면 신자유주의는 경제주체들의 이해관계를 공공복리를 증진하는 방향으로 조화시키는 것을

16_ Friedrich August von Hayek, Die Anmaβung von Wissen, in: Ordo 26(1975), 12~21.

17_ 이에 관해서는 Gerhard Schwarz, Die Mär vom "Neoliberalismus", in: Neue Züricher Zeitung vom 11./12. April 1998, 21을 참조할 것. 그런데 여기서 슈바르츠는 신자유주의와 질서자유주의를 체계적으로 구분하지 못하고 있다.

18_ 이에 관해서는 프레데릭 바스티아의 『경제적 조화』에 대한 2장 II의 서술을 참조할 것.

정부의 질서 정책적인 과제로 인식하고 있다. 이런 의미에서 신자유주의는 시장경제를 하나의 "국가적 조직"[19]으로 간주한다. 개방된 시장과 효율적인 경쟁, 그리고 이런 국가적 조직의 소유법적, 계약법적, 보증법적 전제조건들은 모두 법치국가적 제도들이다. 시장경제는 저절로 발전하지 않았다. 시장경제는 자연스러운 것이 아니다. 오히려 그것은 18~19세기 영국에서 시작될 때부터 세계화가 진행되고 있는 지금까지 완강한 저항을 잠재우면서 정치적으로 관철된 것이

20 구자유주의, 신자유주의 그리고 질서자유주의의 체계적 구분

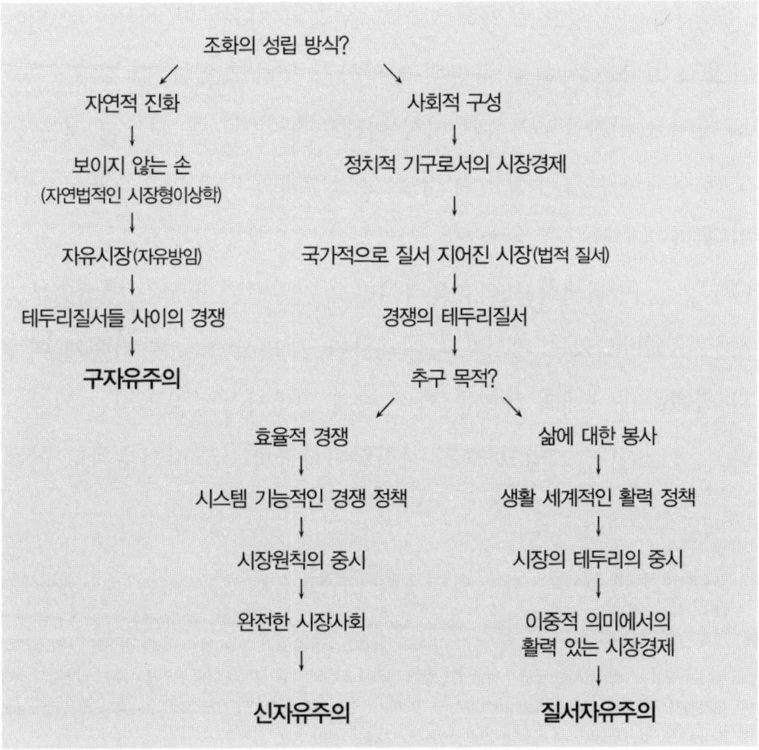

조화의 성립 방식?
↙ ↘
자연적 진화 → 보이지 않는 손 (자연법적인 시장형이상학) → 자유시장(자유방임) → 테두리질서들 사이의 경쟁 → **구자유주의**

사회적 구성 → 정치적 기구로서의 시장경제 → 국가적으로 질서 지어진 시장(법적 질서) → 경쟁의 테두리질서 → 추구 목적?
↙ ↘
효율적 경쟁 → 시스템 기능적인 경쟁 정책 → 시장원칙의 중시 → 완전한 시장사회 → **신자유주의**

삶에 대한 봉사 → 생활 세계적인 활력 정책 → 시장의 테두리의 중시 → 이중적 의미에서의 활력 있는 시장경제 → **질서자유주의**

다. 국가와 초국가적인 기관들은 시장경제를 위한 구성적이고 보충적인 기능을 수행한다. 이는 자유시장의 힘을 신뢰하면서 지속적으로 탈규제화되는 시장경제에도 그대로 적용된다. 신자유주의는 개방시장과 효율적인 경쟁을 관철시키는 목적 이외에 정치의 중요성과 관련해서 그 어떠한 것도 정책적으로 추구하지 않는다.

세계적인 산업입지 경쟁과 국가적 테두리질서들 간의 경쟁을 거의 절대적으로 옹호하는 신자유주의자들은[20] 자신들이 신자유주의적인 질서 정책 구상과는 다른 구자유주의적인 시장 이해, 특히 1929년의 대공황으로 인해 폐기된 오래된 자유무역 이론으로 되돌아가고 있다는 사실을 분명히 인식하지 못하고 있는 것 같다. 그들로 하여금 구자유주의적인 시장 이해로 돌아가도록 만드는 것은 순수한 경제적 이성의 규범적 강조, 곧 1장에서 다루었던 효율성 신앙이다(바이츠제커, "경제학자는 사람들이 효율성을 추구한다고 믿고 있다"). 그들은 세계화를 비효율적이라고 간주되는 정치적 통제로부터 시장을 해방시키는 과정으로 이해한다. 그리고 그들은 이렇게 이해된 세계화가 세계의 복리를 가장 크게 증대시키는 보편적인 처방이라고 주장한다. 그리고 모든 시장형이상학자들은 따져보지도 않은

19_ Leonhard Miksch, Wettbewerb als Aufgabe. Grunds?tze einer Wettbewerbsordnung, 2. Aufl., Godesberg 1947, 12.

20_ 이런 입장과 관련해서 Heinz Hauser와 Kai-Uwe Schanz는 다음과 같이 이야기한다. "경쟁 규칙들이 서로 비슷해지면서 경쟁에 대한 국제적 규제가 약화되고 있다. 따라서 최선의 경쟁 정책이 어떤 것인지에 대해 답변하기 무척 어려워지고 있다." Heinz Hauser/Kai-Uwe Schanz, Das neue GATT. Die Welthandelsordnung nach Abschluss der Uruguay-Runde, 2. Aufl., München/Wien 1995, 277.

채 이런 처방을 선하고 이성적인 것으로 간주한다.

효율성에 집착하고 있는 신자유주의는, 정부가 효율적인 자본 사용을 가능하게 하는 시장경제 시스템의 기능 조건들을 마련해주는 한에서만, 정치의 중요성을 인정한다. 기본적인 법적 전제조건들(사유재산의 보호, 거래자유 및 영업자유의 보장, 계약법, 보증법) 외에 경쟁 정책(시장을 개방하고 효율적인 경쟁을 보장해주는 정책)과 통화 및 안정화 정책(통화가치와 물가를 안정시키고 지속적인 경제성장을 보장해주는 정책)이 이런 기능 조건들에 속한다. 우리는 이제까지의 경험을 통해 규제되지 않은 시장은 권력화되어 경쟁의 제한을 가져올 수 있다는 사실을 잘 알고 있다. 신자유주의적 입장에서 허용될 수 있는 경제 정책은 시장 메커니즘으로 하여금 최대한의 효과를 산출하게 하는 경제 정책, 즉 시장의 효율성을 보장해주는 경제 정책이다. 따라서 기능주의적으로 제한된 정치적 개입만이 "더 많은 시장을!"이라는 신자유주의적인 구호와 조화될 수 있다. 반면 윤리적인 입장에서 강조되는 시장에 대한 적극적인 정치적 개입은 효율성을 감소시킨다는 이유로 거부된다.

질서자유주의는 1950년대까지 신자유주의로 지칭되었다. 그런데 신자유주의 진영에서 시장급진주의자들이 득세하자 시장에 대한 규제를 중시했던 이들이 뛰쳐나와 현재의 명칭을 사용하기 시작했다.[21] 질서자유주의에서 거론되는 정치의 중요성은 현재의 신자유주의에서와는 매우 다른 함의를 가지고 있다. 질서자유주의는 시장논리에 대한 정치의 우선성을 이중적인 의미로 받아들인다. 질서자유주의에 따르면 한편으로 질서 정책은 시장경제적 질서가 지닌 정당성의 조건들, 곧 정치윤리적인 정당화 능력의 조건들에 근거해야 한다. 다른 한편으로 질서 정책은 경제 시스템의 효과적 기능을 보장해야 한다. 질서자유주의의 선구적 사상가들인 빌헬름 뢰프케Wilhelm Röpke, 1899~1966 알렉산더 뤼스토, 그리고 발터 오이켄Walter Eucken, 1891~1950은 시장의 경제적 논리에 대한 정치윤리의 우선성을 분명히 주장한다.

물론 이들도 단호한 경쟁 정책을 옹호한다. 하지만 경제철학적 성찰과는 거리가 먼 오늘의 신자유주의자들과 달리 그들은 시장효율성을 질서 정책의 최고 목적으로 간주하지 않는다. 이런 의미에서 뢰프케는 다음과 같이 주장한다.

> 시장경제가 다는 아니다. 시장경제는 수요와 공급, 그리고 자유로운 가격과 경쟁에 근거하지 않는 보다 상위의 전체 질서에 착근되어야 한다.[22]

이 인용문을 보면 질서자유주의자들이 시장경제적 질서를 단호하게 옹호하고 있음에 분명하다. 그럼에도 이들의 경우 시장경제적 질서는 경제주의적인 입장에서와 달리 사회질서로까지 승격되지 않는다.

21_ 이에 관해서는 Alexander Rüstow, Wirtschaft als Dienerin der Menschlichkeit, in: Aktionsgemeinschaft Soziale Marktwirtschaft(Hrsg.), Was wichtiger ist als Wirtschaft, Ludwigsburg 1960, 7~16, 특히 7을 참조할 것.

22_ Wilhelm Röpke, Jenseits von Angebot und Nachfrage, Erlenbach-Zürich/Stuttgart 1958, 19.

> 자유주의를 최고의 경제적 세계관으로 수용하려는 사람은 완전히 낡아진 경제주의적 관점에 사로잡히게 된다. (중략) 정치적이고 문화적인 자유주의가 (중략) 주된 것인 데 반해 경제적인 자유주의는 (중략) 부차적인 것이다.[23]

질서자유주의에서는 두 단계로 구성된 질서 정책적인 구도가 본질적이다 21. 여기서 경쟁 정책은 필수적이다. 하지만 경쟁 정책Wettbewerbspolitik은 "인간의 행복, 안녕 그리고 만족과 관련된 모든 요소들을 고려하는 활력 정책"[24]보다 하위에 있다. 질서자유주의가 내세우는 경쟁 정책에 대한 활력 정책Vitalpolitik의 우선성은 '더 많은 시장'이 좋은 것이라는 신자유주의적 이데올로기를 윤리적이고 정치적

21 질서자유주의적인 질서 정책의 두 가지 영역들

1. 활력 정책(뤼스토)

- 시장경제 시스템을 수요와 공급, 그리고 자유로운 가격과 경쟁에 근거하지 않는 보다 상위의 전체 질서에 착근시켜야 한다(뢰프케).
- 맹목적인 시장 권력을 다음과 같은 것들을 통해 삶에 대한 봉사라는 윤리적 기준에 따라 제한해야 한다.
  - 개인적 권리(경제시민의 권리)
  - 계산 규정(외부효과의 내부화)
  - 테두리규정(넓은 의미의 한계가치)

2. 경쟁 정책

- 활력 정책의 테두리 안에서 개방적 시장과 효율적 경쟁을 관철시켜야 한다.
- 좋은 삶과 정의로운 공존이라는 활력 있는 목적을 달성하기 위해 시장경제적 경쟁을 효과적으로 이용해야 한다.

으로 파괴한다. 시장의 효율성이 좋은 삶 및 정의로운 공존과 갈등을 일으킬 경우 시장 권력의 행사는 시장의 "받침대가 되는 사회 정책"[25]에 의해 제한되어야 한다. 이런 맥락에서 질서자유주의자들은 다음과 같이 주장한다.

> 시장의 테두리는 인간적인 것의 영역을 이루며 시장 자체보다 훨씬 더 중요하다. 시장은 단지 봉사하는 기능만을 가지고 있을 뿐이다. (중략) 시장은 목적을 위한 하나의 수단이기 때문에 그 자체로 목적이 되지는 못한다. 반면 시장의 테두리는, 그 자체로 목적이 되며 인간적인 가치들을 지닌 많은 것들을 포괄한다.[26]

뤼스토의 이런 주장에서 우리는 칼 폴라니가 말한 '사회에 착근된 경제embedded economy'라는 개념을 재인식하게 된다.[27] 질서자유주의의 기본 이념은 삶에 봉사하는 시장경제를 형성하는 것이다. 다시 말해서 시장 권력으로 하여금 윤리적이고 정치적인 입장에서 활력 정책

23_ Wilhelm Röpke, Civitas humana. Grundfragen der Gesellschafts-und Wirtschaftsreform, Erlenbach-Zürich 1944, 51. 이 책의 46에서 뢰프케는 질서자유주의를 경제적 휴머니즘으로 정의한다.

24_ Alexander Rüstow, Wirtschaftsethische Probleme der sozialen Marktwirtschaft, in: P. M. Boarman(Hrsg.), Der Christ und die soziale Marktwirtschaft, Stuttgart/Köln 1955, 74.

25_ Wilhelm Röpke, Civitas humana, 85. 여기서 뢰프케는 다음과 같은 주장을 펼치고 있다. "시장경제는 자신의 받침대가 되는 사회 정책을 향해 방향을 돌려야 한다."

26_ Alexander Rüstow, Paläoliberalismus, Kommunismus und Neoliberalismus, in: F. Greiß/F. W. Meyer (Hrsg.), Wirtschaft, Gesellschaft und Kultur. Festgabe für Alfred Müller-Armack, Berlin 1961, 68.

27_ 이에 관해서는 2장 II, 3장의 7을 참조할 것.

을 추구하게 하고 필요한 경우 시장 권력을 제한하는 시장경제를 형성하는 것이다. 활력 정책의 기본적인 요소들은 다음의 세 가지로 요약할 수 있다. 곧 모든 경제시민의 개인적 권리, 외부효과를 고려하는 계산 규정, 경쟁이나 시장을 제한하는 테두리규정이 그것이다.[28]

첫째, 개인적 권리[29]는 경제시민(체류 및 노동 허가를 받고 실제로 거주하고 세금을 납부하는 국민경제의 구성원[30])이 국가경제와 그것의 생산물, 그리고 사회적 복지에 참여하는 것을 정당화해준다. 따라서 이것은 3장에서 서술된 경제시민의 권리와 다르지 않다. 이런 의미에서 우리는 랄프 다렌도르프의 핵심 명제를 다시 한 번 상기할 필요가 있다.

> 시민들의 권리는 시장의 권력을 넘어서고 제한하는 무조건적 권리이다.

둘째, 계산 규정은, 경제적 비용과 편익을 계산하는 과정에서 활력 정책적 관점을 관철시킬 수 있는 시장의 인센티브 구조를 형성하는 데 기여한다. 여기서는 일반적으로 원인을 제공한 경제주체가 아닌 제3자에게 전가되기 마련인 외부비용 전체를 원인 제공자 부담원

28_ 이에 관해서는 Peter Ulrich, Integrative Wirtschaftsethik, 367 이하를 참조할 것.

29_ 개인적 권리는 법적 용어다. 개인적 권리는 주체가 지닌 (철저히 객관적으로 정의될 수 있는) 권리를 가리킨다. 따라서 그것은 단순히 주관적으로 요구되는 권리와 무관하다.

30_ 이에 관해서는 4장 I을 참조할 것.

칙에 따라 내부화하는 것, 곧 해당 경제주체의 비용으로 산정하는 것이 중요하다. 이런 내부화는 환경 정책에서뿐만 아니라 노동 정책과 사회 정책에서도 실현 가능하다. 사적인 경제에서 고려되는 비용과 사적인 경제에서 무시되는 국민경제적, 사회적, 생태적 비용 사이에 경계를 설정하는 것은 항상 가치판단에 근거한다. 따라서 시장가격은 그 자체로 자연적인 것이 아니다. 오히려 그것은 채택된 계산 방식에 따라 질서 정책적으로 형성된 것이다.

셋째, 테두리규정은 인간적이고 사회적이고 생태적인 관점에 따라 시장에 한계가치를 세우고 시장과 경쟁이 지배해서는 안 될 삶의 영역들을 경제주의로부터 보호한다. 테두리규정에는 노동 시간 및 가게 영업 시간과 같은 시간적인 형태의 시장 한계, 오염 물질 방출 및 그것의 영향과 같은 생태적인 형태의 시장 한계, 최저임금 및 최저생계비와 같은 노동 정책적이고 사회 정책적인 형태의 시장한계 등이 있다. 그리고 특수한 시장의 경우 고객과 시민을 위해 공급자들, 예를 들면 의사, 변호사, 수탁자, 교육자 등이 과연 자격과 능력을 제대로 갖추었는지를 검증하는 허가 규정도 테두리규정에 속한다. 시장을 통해 적절하게 공급되지 못하는 재화와 서비스, 예를 들면 사회간접자본, 보건, 교육, 문화 등은 테두리규정에 따라 정부에 의해 공급될 수 있다.

여기서 중요한 점은 이런 활력 정책적인 조정 방식과 제한 방식이 단순히 반反시장경제적인 것이라고 평가절하되어서는 안 된다는 사실이다. 오히려 우리는 윤리적이고 정치적인 관점에서 그것들을 문명화된 시장경제의 진정한 동반자로 받아들여야 한다. 시장에 지나치게 충성하는 것은 장기간에 걸쳐 '삶에 봉사하는 경제'의 무덤을 파는 일이 될 것이다. 왜냐하면 삶에 봉사하는 경제는 단순히 개방적인 시장과 효율적인 경쟁을 통해서만 형성될 수 없기 때문이다. 활력 있는 시장경제는 다음과 같은 이중적 측면을 지닌다. 공정한 경쟁 상황에서는 더 좋은 상품을 공급해야 한다는 것 외에 다른 강제는 존재하지 않는다(경쟁 정책적 측면). 그러나 경쟁이 삶의 모든 영역을 지배해서는 안 된다(활력 정책적 측면).

Ⅳ.
이성적 세계화를 위한 활력 정책적 원칙

앞에서 언급한 바와 같이 경제 윤리적인 내용을 담은 질서자유주의적인 질서 정책은 두 가지 단계, 곧 선차적인 활력 정책의 단계와 후차적인 경쟁 정책의 단계로 구성되어 있다. 그런데 이런 질서 정책적 구도는 이성적인 세계화 정책을 수립하는 데 좋은 기초가 된다. 세계화를 신격화하는 입장 혹은 세계시장의 형이상학을 내세우는 입장에 대한 대안은 세계화를 악마화하는 것이 아니다. 오히려 진정한 대안은 초국가적인 테두리질서의 구축을 통해 활력 정책의 관점에서 세계화를 문명화하는 것이다.

오늘날 물적 강제의 논리는, 글로벌 산업입지 경쟁이 다른 선택을 허용하지 않는다는 식으로 전개된다. 그런데 이런 논리가 내놓는 다음과 같은 비판은 진지하게 고려되어야 한다. 한 나라 안에서만 통용되는 높은 사회적 표준 혹은 환경적 표준이 전체 생산에 장애를 가져올 수 있다는 비판이 그것이다. 활력 정책적인 테두리조건들로 인해 어떤 투자자에게 적지 않은 비용이 발생한다면 그는 비용이 덜 드는 다른 산업입지로 자신의 생산 시설을 이전시킬 것이다.[31] 그렇

31_ 이런 사회적 표준과 관련된 비용 부담의 문제는 일반적으로 발생하지 않는다. 하지만 해당 사회적 표준이 고용주와 노동자 간의 세력 균형을 실현하는 데 필요한 수준보다 더 높을 경우 비용 부담의 문제가 발생하게 된다. 이에 관해서는 Ulrich Thielemann, Globale Konkurrenz, Sozialstandards und der (Sach-)Zwang zum Unternehmertum, in: Thomas Maak/ York Lunau(Hrsg.), Weltwirtschaftsethik, 203~244, 특히 209 이하를 참조할 것.

다면 활력 정책은 "세계화의 덫"[32]에 걸릴 수밖에 없는 것일까?

여기서 우리는 물적 강제를 경쟁적 멘탤러티로 내면화하려는 시도[33]를 지양하고 정신적으로 물적 강제를 압도하면서 그것을 정책적인 개입이 필요한 도전으로 이해해야 한다. 하지만 신자유주의적인 시대정신은, 하버마스가 언급한 "스스로 해체되는 신자유주의적인 정치로 인한 즐거움"을 만끽하면서 오히려 이런 시도를 지양하고 있다.

> 미래의 정치를 산업입지 경쟁에서 우위를 차지하려고 진력하는 경영 전략으로 축소시키는 비정상적인 관점은 정치적 해결을 위한 마지막 기반까지 제거해버린다.[34]

시장에 대한 정치의 우선성이라는 측면에서 보면 이런 비정상적인 관점은 정치를 새로이 강화하려는 용기와 대립한다. 요즘처럼 시의적절한 활력 정책, 곧 실제적인 시민자유를 보호하기 위한 물적 강제 제한 정책이 절실하게 요구된 적은 없었을 것이다. 물론 세계화의 진전으로 인해 이런 활력 정책의 수립이 국내 영역에만 한정될 수 없다. 오히려 그것은 국제 영역에까지 확대되어야 한다. 경제윤

32_ Hans-Peter Martin/Harald Schumann, Die Globalisierungsfalle. Der Angriff auf Demokratie und Wohlstand, Reinbek 1996.

33_ 2장 III에서 언급된 바와 같이 『새로운 출발을 위한 용기』라는 백서의 저자들은 모든 시민들에게 경쟁 지향적인 방향에서 철저하게 자신의 멘탤러티를 혁신할 것을 반복적이고 분명하게 요구했다.

34_ Jürgen Habermas, Die postnationale Konstellation und die Zukunft der Demokratie, in: Jürgen Habermas, Die postnationale Konstellation. Politische Essays, Frankfurt a.M. 1998, 95.

리에 기초한 세계화 정책의 근본 명제는 다음과 같이 정리될 수 있다. 'A를 말하는 사람은 B까지도 말해야 한다.' 보다 구체적으로, '글로벌 시장을 원하는 사람은 인권 및 민주주의의 표준, 그리고 사회적 표준과 환경적 표준을 내세우면서 활력 정책적인 지향을 가진 글로벌 거버넌스도 지원해야 한다.' 이 명제는 서로 견제하는 규제 기구와 규칙 체계로 이루어진 네트워크에 기초하면서 세계정부나 세계국가가 없는 가운데 성립된 세계질서,[35] 곧 '글로벌 정부 없는 글로벌 거버넌스'[36]가 구축되어야 한다는 것을 함축한다.

두 단계로 구성되는 질서 정책의 관점에서 글로벌 시장은 글로벌 활력 정책 및 경쟁 정책을 관장하는 초국가적인 기구를 필요로 한다. 글로벌 경쟁 정책과 관련해서 실제로 많은 문제들이 존재한다. 특히 많은 OECD 국가들이 자국의 농업, 섬유산업 등을 보호하고 대규모의 수출보조금을 제공하면서 불공정한 경쟁을 추구하고 있기 때문에 모든 제3세계 국가들은 OECD 국가들의 농업시장과 섬유시장에 제대로 진입하지 못하고 있다. 그런데 이런 글로벌 경쟁 정책보다 더 중요한 것이 건강증진, 환경보전, 동물보호 등과 관련된 글로벌 활력 정책이다.

초국가적 경쟁 정책을 담당하는 강력한 기구는 이미 존재한다.

35_ 반면 Otfired Höffe는 보조적이고 연방적인 세계공화국 형태의 세계국가가 필수적이라고 주장한다. 이에 관해서는 Otfired Höffe, Demokratie im Zeitalter der Globalisierung, München 1999, 227을 참조할 것.

36_ 이에 관해서는 James N. Rosenau/Ernst-Otto Czempiel(Hrsg.), Governance without Government. Order and Change in World Politics, Cambridg /New York 1992을 참조할 것

WTO가 그것이다. 반면 초국가적 활력 정책을 담당하는 기구는 아직 존재하지 않는다. 그렇다면 이런 활력 정책 기구는 어떻게 구축될 수 있는가? 이에 대해 두 가지의 원론적인 답변이 제시될 수 있다.

첫 번째 방안은 글로벌 활력 정책을 WTO가 담당하는 것이다. 이런 방안의 강점은 WTO가 실제로 관철 능력을 보유한 기구라는 데 있다. 반면 약점은 현재 WTO 안에는 경쟁 정책적인 사고가 지배적이라는 데 있다. WTO 안에서 최근에 이루어진 다양한 논쟁들을 놓고 볼 때 이 기구는 경쟁 정책적 관점보다 활력 정책적 관점을 우선시할 의지와 능력을 거의 가지고 있지 않은 것으로 보인다. 호르몬 처리된 미국산 쇠고기를 수입하는 문제와 관련해서 미국과 EU 간의 논쟁에서 WTO는 활력 정책적 규제와 경쟁 정책적 규제를 구분하지 못했다. 나아가 EU의 수입 제한이 활력 정책적인 측면에서 좋은 삶과 정의로운 공존을 위해 취해진 것이었음에도 불구하고 WTO는 그것을 경쟁을 제약하는 보호무역주의적 조치로 간주했다.

두 번째 방안은 WTO에 대항할 수 있는 기존의 기구를 선택하여 그것을 강화시키면서 전자와 힘의 균형을 추구하는 것이다. 이 방안은 초국가적인 활력 정책과 경쟁 정책 사이의 긴장 관계를 분명한 방식으로 제도화하는 것을 목적으로 한다. 구체적으로 이 방안은 인간적이고 사회적이고 문화적이고 생태적인 관점을 지닌 UN 기구들을 강화하여 그것들과 WTO를 대립시키는 것이라고 할 수 있다. 이 방안의 주된 장점은 새롭게 강화된 이런 UN 기구들이 보유할 수 있는 전문 능력에 있다. 나아가 점차 형성되게 될 세계 여론이 WTO의 질서 정책과 UN 기구들의 질서 정책 사이에서 균형을 잡아줄 가능성도 있다. 반면 이 방안의 약점은 초국가적인 활력 정책을 구사할 수 있었던 ILO의 경우에서 확인된 바와 같이 활력 정책의 담당 기구들이 WTO에 의해 규칙적으로 제지당할 위험성이 있다는 것이다.

첫 번째 방안이 적합한지, 아니면 두 번째 방안이 적절한지는 정책적 실현 가능성의 정도에 따라 판단되어야 한다. 활력 정책을 구축하는 과제와 관련해서 우리는 어떤 환상적 시도에도 몰두해서는 안 된다. 이런 시대적 과제가 실현되기 위해서는 장기간의 경제 문화적 학습이 요구되며, 나아가 주도적인 선진국들 사이에, 그리고 WTO, 국제통화기금International Monetary Fund, IMF 그리고 세계은행World Bank 사이에 집요한 정치적 투쟁이 전개될 필요가 있다.

V.
세계시민으로서의 경제시민
미래에 대한 장기적 구상

글로벌 시장을 활력 정책적으로 세계사회에 착근시키려는 시대적 프로젝트가 미래에 실현될 수 있는지는 전적으로 정치적 의지의 문제이다. 그리고 이런 시대적 프로젝트는 세계경제윤리뿐만 아니라 세계시민윤리와도 연결된다. 왜냐하면 세계경제를 주도하고 있는 OECD 국가들은 예외 없이 민주적인 사회를 구현하고 있기 때문이다. 이런 민주사회에서 국가시민들 혹은 경제시민들은 정부로 하여금 초국가적인 질서 정책적 책임을 감당하도록 유도할 수 있는 영향력을 지니고 있다. 그런데 그들은 어떤 이유에서 자신의 이런 영향력을 발휘하지 않을까? 이런 물음은 세계시민의식 및 경제시민의식과 관련되어 있다.

자유롭고 평등한 시민들로 구성된 품위 있고 제대로 질서 지어진 사회라는 이상이 국가적 영역을 넘어 초국가적 영역으로까지 적용되어야 한다면 세계시민의식의 함양이 중요해진다.[37]

세계시민의식의 함양이 목적하는 바는 '탈민족적 정황(하버마스)'에서 서로의 인권과 시민권을 존중하고 인정하는 세계시민들로 구성된 세계공동체를 구축하는 것이다. 이런 목적은 민족들 간의 공존

37_ 이에 관해서는 3장 Ⅲ과 Ⅳ를 참조할 것. 또한 세계질서를 형성하기 위해 개인이 갖추어야 할 세계시민 덕목에 관해서는 Otfried Höffe, Demokratie im Zeitalter der Globalisierung, 335를 참조할 것.

을 위해 세계시민적 질서를 구축하고자 했던 칸트의 비전과 다르지 않다.[38]

세계시민적 질서를 구축하기 위한 문화적 전제조건은 공화주의적인 윤리적 시민의식을 국가 영역을 넘어 이상적인 인류공동체로까지 확대시키는 것이다. 다시 말해서 비판적인 세계 여론을 형성하고 세계 문명을 도덕적으로 판단하는 연대적 세계시민을 배출해내는 것이다. 나아가 근본적인 윤리적 표준을 무시하는 국가들, 기업들 그리고 다른 주체들을 수치스럽게 만드는 정치를 형성하는 일도 이런 문화적 전제조건에 속할 것이다.

경제적 강자와 약자 사이에, 그리고 경쟁의 실패자와 승리자 사이에 사회국가적으로 조직된 연대성이 국가적 영역에서 초국가적 영역으로 확대되지 못할 뿐만 아니라 시장의 세계화로 인해 약화될 위험성이 존재하는 한 경제시민의식의 함양은 중요해진다. 그런데 경제시민의식의 함양은, 앞으로 시민들이 실질적 자유를 확보하기 위한 사회경제적 전제조건을 더 잘 이해하고 그것에 더 민감해질 것을 요구한다.

경제시민의식의 함양을 통해 경제적 약자들의 기아, 가난 그리고

38_ 이에 관해서는 Immanuel Kant, Ideen zu einer allgemeinen Geschichte in weltbürgerlicher Absicht(1784), in: Werkausgabe Bd. XI, 6. Aufl., Frankfurt a.M. 1982, 31~50을 참조할 것. 여기서 칸트는 국제연맹을 구상한다. 그리고 보편적인 세계시민성의 실현을 그 목적으로 제시한다. 이런 사항에 관해서 Immanuel Kant, Zum ewigen Frieden. Ein philosophischer Entwurf(1795), in: Werkausgabe Bd. XI, 6. Aufl., Frankfurt a.M. 1982, 193~251을 참조할 것.

사회적 배제와 치열하게 투쟁하려는 정치적 의지가 생겨날 것이다. 경제시민의식의 함양이 목적하는 바는 3장 Ⅳ에서 서술한 바와 같이 세계의 모든 사람들로 하여금 공정하고 희망을 주는 삶의 조건 아래서 자기 결정적인 삶을 영위하도록 도와주는 것이다. 따라서 여기서는 국경을 뛰어넘는 경제시민적 에토스를 내면화한 모든 인간들을 위해 강력한 경제시민권을 국가적으로, 그리고 초국가적으로 관철시키는 것이 중요해진다.

오늘날 경제시민적 에토스를 발전시키는 것은 이보다 더 포괄적인 세계시민적 에토스를 증진시키는 데 결정적인 요소로 작용한다.[39] 우리는 공화주의적인 윤리적 경제시민의식 없이 활력 정책적으로 다듬어지고 규제된 세계경제의 비전에 다가갈 수 없다. 따라서 우리는 문화적이고 윤리적이고 정치적인 세계화 과정에서 부각될 두 가지 경제시민적 개념들, 곧 경제시민권과 경제시민 에토스의 가치를 인정할 필요가 있다.

하지만 국가적 영역에서 글로벌 영역으로 곧바로 도약하기는 어렵다. 따라서 활력 정책적인 학습 과정을 우선적으로 EU, 동남아시아국가연합Association of South Asian Nations, ASEAN, 북미자유무역협정North

39_ 여기서 요구되는 정치적인 세계시민적 에토스는 평등하게 민족들을 결합시키려는 의도를 보유하고 있음에도 불구하고 Hans Küng의 종교적 세계 에토스와 일치하지는 않는다. 이에 관해서는 Hans Küng, Projekt Weltethos, München/Zürich 1990; Peter Ulrich, Weltethos und Weltwirtschaft-eine wirtschaftsethische Perspektive, in: Hans Küng/Karl-Josef Kuschel(Hrsg.), Wissenschaft und Weltethos, München/Zürich 1998, 40~60을 참조할 것.

American Free Trade Agreement, NAFTA, 남미공동시장Mercado Comun del Sur, MERCOSUR 등과 같은 경제 블록들에 도입해보는 것이 더 현실적일 것이다.[40] 또한 OECD나 EU와 같이 미미하나마 활력 정책적 성향을 드러내고 있는 국제적인 공동체들이 1차적으로 국민경제들 간의 활력 정책적인 테두리조건을 향상시킨 다음 2차적으로 협상을 통해 세계적인 차원에서 활력 정책을 서서히 도입해보는 방안도 제시될 수 있다.[41]

고삐 풀린 글로벌 경제를, 서로 존중하고 인정하는 세계경제시민들에 의해 주도되는 유의미하고 정당한 초국가적 질서에 편입시켜야 한다면 '인류의식의 성숙'[42]이 의심할 여지 없이 필수적으로 요구된다.

우리가 문화적이고 사회적인 근대의 기획, 곧 모든 종속과 강제, 그리고 이데올로기적 사고방식으로부터의 해방을 추구하기 위해 대가를 지불하지 않으려고 한다면 앞에서 언급한 방안들은 결코 미래의 대안이 될 수 없다. 우리가 세계시장형이상학에 맞서기 위해서는

40_ 이런 제안에 관해서는 Horst Afheldt, Wohlstand für niemand? Die Marktwirtschaft entlässt ihre Kinder, München 1994, 211 이하를 참조할 것

41_ 이런 제안에 관해서는 Jürgen Habermas, Euroskepsis, Marketeuropa oder Europa der (Welt-)Bürger?, in: Peter Ulrich/Thomas Maak (Hrsg.), Die Wirtschaft in der Gesellschaft. Perspektiven an der Schwelle zum 3. Jahrtausend, Bern/Stuttgart/Wien 2000, 151~171을 참조할 것.

42_ 저명한 정치학자인 Dieter Senghaas는 이런 현상을 이미 확인할 수 있다고 주장한다. Dieter Senghaas, Politische Rahmenbedingungen für Weltethos, in: Hans Küng/Karl-Josef Kuschel(Hrsg.), Wissenschaft und Weltethos, 159.

경제윤리적인 계몽 작업을 진행시켜야 한다. 또한 우리가 경제주의적인 시대정신에 대항해서 윤리적 지향성을 지닌 국가적 질서 정책과 초국가적 질서 정책을 내세우기 위해서는 큰 용기를 가져야 한다.

우리에게는 매력적이고 희망에 찬 미래의 비전이 중요하다. 다시 말해서 지구에 사는 모든 사람들로 하여금 실질적 자유와 보편적 복지를 향유하면서 만족스럽고 존엄한 삶을 영위할 수 있게 해주는 활력 정책적으로 규제된 세계화의 비전이 절실히 요구된다.

옮긴이의 말

2008년 미국발 금융위기로 아직까지 세계경제가 어려움을 겪고 있다. 대외의존도가 높아 세계경제 흐름에 민감할 수밖에 없는 우리 경제의 경우도 금융위기의 충격은 작지 않은 것으로 분석되고 있다. 이명박 정부는 금융위기 직후부터 지금까지 팽창적인 경제 정책을 구사하면서 위기 상황에서 벗어났다고 공언하고 있지만 서민들에게 가장 중요한 고용 문제는 아직 해결될 기미를 보이지 않고 있다.

왜 이런 끔직한 일이 벌어졌을까? 그것은 시장경제가 야만화되어 있기 때문이다. 전 세계적으로 신자유주의 경제 모델이 확산되면서 시장경제가 고삐 풀린 망아지처럼 제어되지 않기 때문이다. 그렇다면 그 해결책은 무엇인가? 이런 질문에 대해 크게 두 가지 답변이 가능하다. 시장경제 자체를 지양하는 방안과 시장경제를 인간화하는 방안이 그것이다.

이 책의 저자 페터 울리히 교수가 선택하는 길은 시장경제를 내적으로 개혁하는 것, 곧 문명화하는 것이다. 좀 더 구체적으로 말해서 시장경제로 하여금 신자유주의 경제 모델에서 벗어나 인간의 삶에 봉사하는 경제 모델로 나아가도록 유도하는 것이다. 이런 의미에서 울리히는 책의 원제목을 '문명화된 시장경제zivilisierte Marktwirtschaft'로 붙인 것이다.

울리히가 보기에 문명화된 시장경제, 곧 인간의 삶에 봉사하는 시장경제를 구축하기 위해 무엇보다도 먼저 필요한 작업은 물적 강제 논리가 가진 허구성을 인식하는 일이다. 신자유주의를 표방하는 주류 경제학자들은 이윤 획득을 위한 경쟁을 경제주체들로서는 어찌할 수 없는 물적 강제로 간주한다. 그리고 이 논리에 근거해서 경제주체들에게 효율성의 향상을 주문한다. 그래서 효율성을 증진시키는 일은 모든 경제주체들이 수행해야만 하는 필수적인 과업이 되고 있다.

그런데 문제는 경쟁 혹은 그에 근거한 효율성이 지나치게 강조될 때 경제에 대한 윤리적인 성찰이 설 자리가 없게 된다는 데 있다. 그 결과 지금 우리가 목도하는 바와 같이 시장경제는 실업, 비정규직 증가, 소득 격차 등을 초래하며 비인간화되어버렸다. 이런 상황에 직면한 울리히는 이렇게 반문한다. 주류 경제학이 그렇게 중요시하는 경쟁이라는 물적 강제는 과연 불가피하고 자연스러운 것일까?

울리히는 결코 그렇지 않다고 단언한다. 그에게 물적 강제로서의 경쟁은 이윤극대화를 위한 객관적인 강제가 아니다. 오히려 그것은 이윤획득을 추구하는 경제주체들 간에 존재하는 상호적인 강제일 뿐이다. 따라서 그것은 경제주체들의 의식적이고 윤리적인 노력을 통해 제한되고 완화될 수 있다. 이 대목에서 '경제윤리Wirtschaftsethik'라는 새로운 학문 분과가 성립하는 것이다.

그런데 문제는 신자유주의적 경제 패러다임의 중심 원리인 경쟁을 어떻게 윤리적으로 규율할 수 있는가에 있다. 이에 울리히는 시장경제 안에서 시민, 기업 그리고 국가가 윤리적 책임을 다할 것을 권고한다. 우선 개인은 민주사회를 구성하는 책임 있는 시민으로서 자신의 경제적 사고를 윤리적으로 새롭게 재구성할 필요가 있다. 또한 기업은 엄격한 이윤원칙에서 벗어나 품위 있는 윤리경영을 추구해야 할 것이다. 나아가 국가는 시장의 테두리질서를 공공의 복리를 증진하는 방향으로 형성하거나 개혁해야 할 윤리적 의무를 지닌다.

울리히는 이런 윤리적 과제들로부터 경제윤리의 세 가지 차원을 도출한다. 경제시민윤리, 기업윤리, 질서윤리가 그것이다. 이 가운데 신자유주의적 시장경제에 대한 대안적 경제 모델의 형성이라는 시대적 과업과 씨름하고 있는 우리의 눈길을 끄는 것은 역시 질서윤리이다. 질서윤리에서는 시장경제가 제대로 기능하도록 경제적 규칙과 질서를 형성하고 유지하는 질서 정책이 중요하다.

울리히에 따르면 질서 정책에는 세 가지 형태가 존재한다. 구자유주의적, 신자유주의적, 질서자유주의적 질서 정책이 그것이다. 이 셋 가운데 그가 선호하는 것은 빌헬름 뢰프케, 알렉산더 뤼스토, 발터 오이켄과 같은 독일의 질서자유주의자들이 내세운 질서자유주의적 질서 정책이다.

질서자유주의적 질서 정책은 두 가지 영역, 곧 경쟁 정책과 활력 정책으로 나뉜다. 경쟁 정책은 경제주체들 사이의 효율적 경쟁을 가능하게 하는 정책인 반면, 활력 정책은 인간의 삶에 봉사하는 경제라는 목표 아래 시장의 테두리질서를 윤리적으로 형성하는 정책이다. 그런데 울리히에 따르면 시장의 효율성이 인간의 삶에 대한 봉사와 갈등을 일으킬 경우 경쟁 정책은 활력 정책에 의해 제한되어야 한다. 경쟁 정책은 활력 정책이 설정한 테두리질서 안에서 효율적 경쟁을 구현해야 하는 것이다. 그러고 보면 그의 경제윤리적 기획 안에서 활력 정책은 경쟁 정책에 우선성을 갖는다.

이어서 울리히는 경제적 세계화의 진전으로 이런 활력 정책의 수립이 국내 영역에만 한정될 수 없고 국제 영역에까지 확대되어야 한다고 주장한다. 그런데 문제는 국내 영역에서는 활력 정책을 관장할 조직, 곧 개별 국가가 존재하는 반면, 국제 영역에서는 활력 정책을 담당할 세계국가나 국제기구가 존재하지 않는다는 사실에 있다. 울리히는 이런 문제를 해결하기 위해 두 가지 방안을 제시한다. 하나는 WTO로 하여금 글로벌 활력 정책을 담당하게 하는 방안이다. 다른 하나는 UN 기구들을 강화하여 그것들로 하여금 글로벌 활력 정책을 관장하게 하는 방안이다.

울리히에게 첫 번째 방안은 WTO가 실제적인 관철 능력을 보유한 기구라는 장점을 지닌 동시에 현재 WTO 안에 경쟁적인 사고가 지배적이라는 단점을 노정한다. 반면 두 번째 방안은 새롭게 강화된 이런 UN 기구들이 전문적인 능력을 보유할 수 있다는 강점을 지닌

동시에 활력 정책을 담당할 기구들이 WTO에 의해 제지당할 수 있다는 약점을 드러낸다. 이에 첫 번째 방안이 적합한지, 아니면 두 번째 방안이 적절한지는 구체적인 상황에 따라 판단되어야 한다고 충고한다.

냉정히 평가해보면 이 책의 논의는 다소 추상적이다. 이는 경제학이 아닌 경제윤리라는 학문 분과가 지닌 본질적 한계에서 비롯된 것이라고 판단된다. 그럼에도 이 책이 과거 동유럽의 중앙 관리 경제와 오늘의 신자유주의적 시장경제를 넘어서 인간적이고 윤리적인 경제 모델을 모색하는 이들의 사회경제적 상상력에 적지 않은 자극이 되리라고 확신한다.

책을 번역하면서 부족한 독해 능력과 어휘 선택 능력으로 적지 않은 어려움을 겪었음을 솔직히 고백한다. 이럴 때마다 실질적인 조언을 아끼지 않은 아내 안선희에게 고마움과 사랑의 마음을 전한다.

2010년 1월

이혁배

ㄱ

ㅁ

ㅂ

ㅅ

ㅍ

ㅎ

A~Z